文献用纸保存寿命研究

田周玲　著

国家图书馆出版社

图书在版编目（CIP）数据

　　文献用纸保存寿命研究／田周玲著. -- 北京：国家图书馆出版社，
2017.12（2019.4 重印）
　　ISBN 978 - 7 - 5013 - 6306 - 3

　　Ⅰ.①文…　Ⅱ.①田…　Ⅲ.①古籍—修复—特种纸—研究
Ⅳ.①G253.6②TS761.1

　　中国版本图书馆 CIP 数据核字（2017）第 299695 号

书　　名	文献用纸保存寿命研究	
著　　者	田周玲　著	
责任编辑	金丽萍	

出　　版	国家图书馆出版社（100034　北京市西城区文津街 7 号）	
	（原书目文献出版社　北京图书馆出版社）	
发　　行	010 - 66114536　66126153　66151313　66175620	
	66121706（传真）　66126156（门市部）	
E-mail	nlcpress@ nlc. cn（邮购）	
Website	www. nlcpress. com ──→投稿中心	
经　　销	新华书店	
印　　装	北京鲁汇荣彩印刷有限公司	
版　　次	2017 年 12 月第 1 版　2019 年 4 月第 2 次印刷	

开　　本	880×1230（毫米）　1/32	
印　　张	3.625	
字　　数	60 千字	

书　　号	ISBN 978 - 7 - 5013 - 6306 - 3	
定　　价	48.00 元	

目　　录

前　　言

2007 年 2 月 28 日,全国古籍保护工作会议在北京京西宾馆召开,中华古籍保护计划正式启动。会议部署了古籍保护计划的三项主要工作,其中之一就是推动全国古籍保护研究工作,加强基础实验和研究工作,力争在国家财政支持下建立高标准的古籍保护实验室。因此,依托中华古籍保护计划,历时 3 年多,耗资 800 余万元,国家图书馆古籍保护实验室终于在 2010 年正式建成。

古籍保护实验室建设目标是成为全国第一、国际一流的专业从事古籍保护标准制定、技术研究和应用研究的开放型国家重点实验室。古籍保护实验室的主要任务是采用现代科学仪器和设备开展古籍保护基础理论和技术研究,研究文献的损毁规律、危害因素及其保护方法,对文献进行原生性和再生性保护,减缓各种危害因素对文献的损害速度,解决古籍保存与保护中存在的各种问题,更好地延长古籍保存寿命。在古籍保护基础理论研究的基础上,制定古籍保护的标准和规范,开展古籍保护技术研究和应用研究,并应用到古籍保护的实际工作中,从而推动古籍保护事业的发展。

古籍保护实验室以纸质载体文献为主要研究对象。古籍保护是文献保护的一个重要方面,研究古籍保护离不开对文献保护大范畴的研究。文献保护的主要工作是研究文献载体材料损毁规律及其保护技术和方法,它的主要目的就是最大限度地延长文献的保存寿命。文献随着保存时间的延长会逐渐损毁,文献的损毁大多是载体材料的损毁,因此研究文献的保存寿命很大程度上就是研究其载体材料的损毁规律。纸张的损毁受内因和外因的共同影响,内因是指纸张本身的性能和耐久性,决定纸张本身耐久性的主要因素有原材料的质量、化学成分和制作工艺等;外因主要有保存环境的温湿度、空气质量、光照、害虫、霉菌以及外来的各种天灾人祸等。

2014 年,为贯彻落实十八届三中全会《中共中央关于全面深化改革若干重大问题的决定》精神,加快推进文化科技创新体系建设,文化部将重点实验室建设纳入了工作重点,启动了"文化部重点实验室"的认定工作。国家图书馆古籍保护实验室等 6 家实验室因条件成熟、特色突出、优势明显,在首批申报的 22 个实验室中脱颖而出,被文化部认定为文化部重点实验室。国家图书馆古籍保护实验室名称定为"古籍保护科技文化部重点实验室",实验室的研究方向确定为:古籍载体损毁机理研究、古籍保护技术和古籍保护相关标准和规范研究。

2015 年 2 月文化部开展国家文化科技提升计划项目申报工作。国家文化科技提升计划项目重点解决文化领域关键性、前沿性、重大共性技术问题;文化部科技创新项目鼓励探索性、基础性科技研发和技术改造。古籍保护科技文化部重点实验室申报的《文献用纸保存寿命评估体系研究》经过专家组的评审,获得文化部立项资助。本论著及相关研究均由 2015 年国家文化科技支撑计划"文献用纸保存寿命评估体系研究"资助。

本论著以文献保护科技研究与发展的难点为突破,立足古籍保护科技研究基础,从纸张的保存环境出发,通过改变保存环境的温度和相对湿度、氧气的含量以及老化时间等,研究了几种典型的文献用纸的保存寿命与纸张各种物理化学指标的相关性。通过热老化的方式加速纸张的老化,研究在不同的热老化时间下,纸张的白度、抗张强度、撕裂度、耐折度、冷抽提 pH 值、黏度、铜价和结晶度等理化指标的变化。采用 SPSS(Statistical Package for Social Science,社会学统计软件包)分析了白度、抗张强度、撕裂度、耐折度、冷抽提 pH 值、黏度、铜价与老化时间的相关性,并采用回归的方法推算了纸张的保存寿命。本研究力图解决古籍保存保护各种措施和环境的选择、评估和研究中的效果评价问题,研究文献用纸理化性能与保存寿命相关性,为今后的文献保存技术的研究建立可参照的坐标系。

田周玲

2017 年 9 月

1　文献保存的影响因素

影响图书保存寿命的因素主要有：温度、湿度、光、有害气体、微生物和酸等。下面分别讲述其影响机理。

1.1　温度

温度是物质分子、原子无规则运动的宏观表现，是用来衡量物体冷热程度的状态函数。摄氏温度是我国常用的温度表示单位，本书中提到的温度均指摄氏温度。

纸张的主要成分为纤维素，纤维素会在有害物质的存在下发生水解和氧化反应。而化学反应的速度与温度密切相关。根据阿伦尼乌斯公式，温度每升高 10 度，化学反应的速度将提高 2—4 倍。有研究表明报，在 38℃—98℃ 的范围内，温度每升高 15℃，纸张老化速度平均增加到原来的 3.8 倍。另一方面，保存环境的温度升高，会加速有害生物的生长和繁殖，从而带来微生物对图书的损害。微生物的损害方式将在后面专门介绍。

1.2　湿度

湿度是表示物质含水量的常见方式。影响图书保存的湿度是指空气中的湿度，湿度有相对湿度和绝对湿度之分。

水在纸张中的存在形式有三种，即化学键结合、吸附和结构渗透。化学键结合是指纤维素分子键之间可以形成氢键；吸附是指水的单分子层覆盖在纤维表面;结构渗透是指水在纸张毛细管中的渗透。正常情况下纸张的含水量在7%±2%。当保存环境的湿度发生变化时,纸张发生吸湿和解吸,其含水量与环境的含水量之间存在一个动态平衡。纸张保存环境最理想的湿度为50%。环境湿度超过65%时,纸张就会发生吸湿,纤维膨胀,机械强度降低,实验表明,当相对湿度由40%增加到80%时,纸张抗张强度降低25%;相对湿度由50%增加到90%时,纸张抗张强度降低42%。相对湿度过大时,纸张易粘结成"砖",带来更大的损害。相对湿度太高有利于有害生物的繁殖,增加有害生物的对图书的侵蚀。微生物的机体含有70%—90%的水分,同时其新陈代谢也必须有水分参加。图书害虫体内含水量约占50%—90%,它们的生理活动也离不开水。而相对湿度太低时,纸张脱水收缩,变得僵硬发脆,纸张容易脆化。

温度和湿度对图书纸张耐久性还具有协同效应,即两者的综合作用大于它们独立的作用之和。有研究证实,如果设定温度为15℃、相对湿度为50%条件下的纸张的寿命为1,那么在相对湿度一定条件下,温度每升高或降低10℃,纸张寿命降低或升高5倍;温度一定,相对湿度升高或降低20%,纸张的寿命降低或者升高两倍。

1.3 光

光是图书利用和保存过程中必不可少的环境因素。纸张纤维素分子是由1,4—苷键连接而成的高分子化合物,主要由化学键C—O—C及大量的C—H键组成,C—O键的键能为84Kcal/mol,与波长为340nm的波长的紫外线的能量相当。紫外线的波长越短能量越高,进入大气层的紫外线的波长大于290nm,太阳光照射到图书纸张上发生光降解反应,使纤维素分子链断裂,纤维素聚合度降低导致纸张老化受损。同时,光的破坏作用具有累积性,即其破坏力是光能量与其时间的乘积。在光热辐射的作用下,纸张吸热温度升高,对纸张造成破坏。空气中的氧在光的作用下形成氧原子、臭氧分子等,这些强氧化能力的物质作用于纸张,降低其物理强度。

1.4　空气污染物

按成分和形成可将空气污染物分成有害气体、灰尘、气溶胶及光化学烟雾等。其中有害气体主要包括含硫化合物(SO_2、H_2S 等)、含碳化合物(CO、CO_2)、含氮化合物(NO、NO_2)、卤素化合物(HF、HCl 及 Cl_2)及部分碳氢化合物。各类空气污染物对图书的危害虽有一定差别,但都会使纸张纤维分子聚合度下降,改变其化学结构,对纸张产生破坏作用。

有害气体中以二氧化硫和二氧化氮的破坏最为普遍和重要。其中 SO_2 在大气中分布广、危害大,主要来源于含硫煤和石油的燃烧及硫酸厂、冶金厂等工业企业的废气排放。部分二氧化硫可溶解于空气中的水蒸气中生成亚硫酸,在金属盐的催化下被氧化成硫酸。纸张材料或吸收空气中的硫酸或者亚硫酸,或吸收空气中的三氧化硫或者二氧化硫后再与纸中的水形成硫酸或者亚硫酸。其结果均增大纸张中的酸度,促进纸张纤维的酸性降解,加快图书的老化变质。有实验表明,纸张在 2ppm—9ppm 的 SO_2 中放置 240 小时后,机械强度可降低 40%。二氧化氮也可增大纸张酸性,对纸张纤维造成破坏,同时因其强氧化性可使纸张纤维发生氧化而强度降低。

灰尘对图书纸张的破坏主要体现在四个方面:

①增加图书材料的磨损,使纸张表面起毛,影响字迹的清晰度。

②增大酸对图书的影响。一方面灰尘颗粒本身具有酸性。另一方面灰尘具有粒径小、表面积大、吸附能力强等特点,可将空气中的酸性有害物质吸附或者沉积于纸张的表面,对纸张造成酸性损坏。

③有些成分复杂的灰尘颗粒吸收了空气中的水分形成胶状物,胶状物吸收水分后分解产生胶粘状物质,使图书发生粘结成“书砖”。

④灰尘常含霉菌孢子,遇适宜条件滋生霉菌,破坏图书。

1.5 有害生物

有害生物包括微生物和害虫两方面。

图书纸张的主要成分是纤维素,以及少量木质素、半纤维素等,此外,用糨糊修补过的破损图书还含有淀粉,这些有机物均能被图书有害微生物分解利用。有些图书有害微生物能分泌纤维素酶,将纤维素分解为纤维二糖,再经纤维二糖酶作用,生成葡萄糖。葡萄糖是有害微生物良好的碳源和能源,可被其直接吸收利用。能够分解纤维素的有害微生物主要有霉菌中的绿色木霉、球毛壳菌、镰刀菌、黑曲霉、烟曲霉、产黄青霉、毛霉等,以及放线菌中的纤维放线菌、白色放线菌、黑红旋丝放线菌,细菌中的粘细菌、梭状芽孢杆菌等。

有害微生物在代谢中分泌的各种酶对纸张成分进行脆化分解,使他们的化学键断裂,并以此为营养,吸收入细胞内,从而破坏纸张,导致纸张机械强度大大下降以及淀粉胶失效。有害微生物分泌的酶在分解纸张的同时,还生成多种有机酸,如草酸、乳酸、丁酸、柠檬酸等。此外有害微生物细胞在呼吸代谢时也能产生一些有机酸,如甲酸、乙酸、乳酸、琥珀酸等。这些酸性物质加速图书纸张纤维的分解,同时污损和遮挡图书字迹,影响图书的使用。

图书害虫取食图书、图书修复用淀粉糨糊,在图书中产卵,其幼虫咬损图书。害虫还可将携带的赃物、排泄物黏附在图书上,污染图书,覆盖字迹,影响图书的正常使用。

1.6 酸

纤维素是纸张的主要成分。纤维素在中性和弱碱性条件下是相当稳定的,难于水解和氧化。但是在酸的催化作用下,水解速度显著增加。

纸张纤维的水解速度随着氢离子浓度上升呈一定比例的增加,pH值越低,酸性越强,水解速度越快。纸的变质表现在宏观上是变色,在微观上便是结构的破坏(即机械强度的下降)。纤维素水解后,由于聚合度降低,纸张的强度也随之降低,其结果使纸变质发脆。当纤维素聚合度降至 200 以下时,纸张就会完全脆化;如果完全水解成葡萄糖,纸张就会粉化。此时,图书将失去收藏和使用价值。特别值得注意的是,在此水解过程中酸并未消耗,而是越积越多,危害也就越来越大。纤维素在发生水解的过程中还发生氧化反应。发生氧化反应的原因是纸张中存在醛基及羧基等氧化官能团,并且如铁和镁等过渡金属元素是氧化反应的催化剂。同时,醛基及羧基等氧化官能团还能加速纤维的水解过程,过渡金属元素能催化二氧化硫成硫酸。水解反应和氧化反应是同时存在,在讨论纸张降解过程时很难独立讨论。

有研究人员曾把道林纸分别浸入不同 pH 值的溶液中,然后取出,在相同条件下干燥,进行数据测定,结果证实随 pH 值降低,纸张抗拉强度明显减弱。无论是明矾、盐酸、硫酸都会引起纸张的降解,使纸张耐折强度下降。将耐折度均为 400 次的纸,用不同浓度的酸处理后再进行老化,在相同时间和温度(100℃)条件下,纸张耐折强度的损失随酸的浓度不同而表现不同,pH 值为 6.2—9.7 的纸,经过两天的老化后,其耐折强度只发生微弱的变化,仍保持 400 次左右,耐折度保留了 95%。pH 值为 4.5—4.8 的纸,经过两天老化后,耐折度迅速降到 200 次以下,耐折度仅保留 15—35%。从理论和实践都证明纸张中酸的存在,是纸张自毁的根源。因此,脱酸成为长久保存文献的根本方法。

2　国内外研究现状和发展趋势

根据国家古籍保护中心 2014 年的普查,我国共有 3000 多家古籍收藏单位,收藏的古籍总量达 5000 多万册。其中,国家图书馆藏有 27 万余册中文善本古籍,164 万余册普通古籍,数量庞大的古籍文献的保存和保护是国家图书馆的一项重要工作。

古籍保护科技文化部重点实验室依托国家图书馆而建,实验室的任务就是用科技的手段延长文献的保存寿命。为延长古籍等各类文献的保存寿命,有时会对文献进行脱酸和加固等干预措施,有时会采取特殊的保存条件,如充氮封存、抽真空封存等,大多数的文献通过控制库房的温湿度、有害气体和微生物含量等进行长期保存。在各种保存措施和保存环境的选择、评估和研究中,首先需要解决的问题就是建立评估文献保存寿命的方法和理论。只有建立在正确的文献保存寿命的评估体系上的研究才更具有价值和现实应用性。纸张是古籍等各类文献的载体,古籍等各类文献的保存寿命取决于纸张的保存寿命。因此,研究各类文献,特别是古籍文献的保存寿命需要研究文献用纸的保存寿命。

世界上没有永恒的物品,纸本文献也不能外。宣纸素有纸寿千年之说,大约就是说纸张能够保存 1000 年。就目前现存的藏品来看,纸张的寿命远远超一千年,耐久性好的纸张其保存寿命至少在 2000 年以上。国家图书馆馆藏中有确切纪年的文献是公元 417 年的《律藏初分》,距今已有 1600 年的历史,其保存现状完好,再保存 500 年甚至上千年都有可能。国家图书馆目前也正在做纸张保存寿命方面的深入研究。

2.1 国内外研究耐久性研究进展

文献用纸的保存寿命,是指文献用纸放置一段相当长的时间之后,其化学稳定性仍然保持着最初的状态,或指纸张能够抵抗本身的杂质破坏和外来因素的侵蚀,保持原有的性能,能够进行使用和长期的保存。文献用纸的保存寿命由内部因素和外部因素共同决定。内部因素包括纸浆的种类和质量、胶料、涂料、酸和金属化合物的含量及纸页中的其他成分等,这些都由制浆造纸过程所决定。外部因素是包括天灾人祸以及文献保存或使用的条件,如温度、相对湿度、光照、空气中的污染程度等。古籍文献产生以后其内因很难进行大的改变,因此延长文献的保存寿命的途径通常是改善文献的保存条件。

对于纸张的耐久性的评估,存在多种理论。美国文献保护专家布朗曾用耐折度和撕裂度指标来对馆藏文献用纸的耐久性进行分类。但是纸张的物理指标的重复性和再现性差,现在已经不再采用。也有人认为pH值可以表征其耐久性,认为如果纸张的pH值小于5,保存20—50年就会碎化,pH值在7.5—9.5范围内的纸,预期可保存几百年。但是在近年来的脱酸实际工作中发现pH值与纸张的耐久性不具直接相关性,有些纸张pH值已在4.0左右,却能基本完好,有些pH值在6.0以上的却严重脆化。国家标准GB/T 24423—2009《信息与文献 文献用纸耐久性要求》(修改采用国际标准ISO 9706:1994《Information and documentation-Paper for documents-Requirements for permanence》)中,采用撕裂度表征其物理性,采用卡伯值表征抗氧化性,采用碱储量和冷水抽提pH值表征其抗酸化性能。在国家标准GB/T 24422—2009《信息与文献 档案纸 耐久性和耐用性要求》(修改采用国际标准ISO11108:1996《Information and documentation-Archival-Requirements for permanence and durability》)中增加了耐折度用来表征纸张的物理性能。

纸张的性能理化指标较多,如果全部都进行检测耗费大量人力和物力,也不现实。因此需要多次试验,选择出具有代表性的指标。本研究倾向于采用白度、pH 值、碱保留量、高锰酸钾值、抗张强度和黏度等几个指标来评价纸张的性能。上述指标中既有表征其物理强度的指标,也有表征其抗氧化和抗酸化性能的指标,还有表征其聚合度的指标。从理论上分析较为全面,具有可行性。

近年来趋向于采用化学指标来评估纸张的耐久性,如黏度、铜价等。同时近年来对纸质历史文化遗产老化过程的研究手段在逐渐向高科技发展,如热重(TGA)、差热(DTA)、红外(IR)、近红外(NIR),X射线衍射(XRD)、高效液相色谱(HPLC)、质谱(MS)、扫描电镜(SEM)等分析手段在国外的相关文献中都有报道,因此,在研究的过程中可适时辅以上述分析手段。

2.2 加速老化方法及原理

研究文献用纸的保存寿命的常用方法是进行加速模拟老化。老化的方法有干热老化实验、湿热老化实验以及光老化实验。其中最常用的是干热老化。模拟加速老化的方法首先要求能够加速化学反应的进行,其次要求加速条件下与不加速时进行的化学反应类型相同,最后要求有能够衡量加速程度的理论或公式。

纸张的主要成为分为纤维素,纤维素对热比较敏感,在温度为25℃—150℃时,纸张纤维素的氢键被破坏,纸的强度降低,也有人认为在此温度范围内纤维素就会发生分子内的脱水和脱氢而使纤维素结构破坏。2009 年,N. Melniciuc-Puica 等人用差热和热重研究了纸张的在温度梯度上的变化,第一个梯度出现在 40℃—290℃之间发生纤维素脱氢,在 290℃—370℃发生纤维素大分子的降解。

在加速化学反应速率方面,国际上公认,纸张在 105℃干热老化72 小时,相当于自然条件下存放 25 年。干热加速老化模拟自然老化的理论依据主要是阿伦尼乌斯公式:$\ln k = \ln A - Ea/RT$,其中,k 为速率常数,R 为摩尔气体常量,T 为热力学温度,Ea 为表观活化能,A 为指前因子(也称频率因子)。因此,温度越高,化学反应速率也越大。更直观的理论依据是范特霍夫规则:k(T + 10K)/k(T) ≈2—4。大多数化学反应,其反应速率随温度升高而增加。通常认为温度对浓度的影响可以忽略,因此反应速率随温度的变化体现在速率常数随温度的变化上。实验表明,对于均相热化学反应,反应温度每升高 10K,其反应速率变为原来的 2—4 倍,即 k(T + 10K)/k(T) ≈2—4,式中,k(T)为温度 T 时的速率常数,k(T + 10K)为同一化学反应在温度为 T + 10K 时的速率常数。此比值也称为反应速率的温度系数。

本研究针对文献用纸保存寿命评估的问题,采用加速老化的实验方法模拟文献用纸的自然老化,研究在老化过程中,纸张的白度、抗张强度、撕裂度、pH 值、高锰酸钾值、碱储量和黏度等性能指标的变化趋势,研究纸张的白度、抗张强度、撕裂度、pH 值、高锰酸钾值、碱储量和黏度等指标与纸张预期保存寿命的关系,构建古籍文献保存寿命系统。为今后的文献保存技术的研究建立可参照的坐标系。

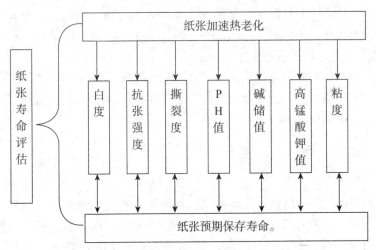

工艺技术路线

2.3　研究内容

本项目拟研究纸张的多种理化性能指标在加热老化过程中的变化,研究各项性能指标与古籍文献保存寿命的关系。

主要研究内容包括:

(1)选择具有代表性,且符合要求,名称与纤维组分一致的纸张用于实验研究。

(2)对选择的纸张进行加速热老化。

(3)采用干热加速老化的方法,研究氮气、空气和密封三种保存环境下,纸张物理化学性能的变化,研究保存环境对文献保存寿命的影响。

(4)采用湿热加速老化的方法,研究不同相对湿度下,纸张理化性能指标的变化,研究湿度对纸张寿命的影响。

(5)采用干热加速老化的方法,以 72 小时为一个热老化单元,研究纸张分别老化 1 个、4 个、20 个、40 个、80 个加热老化单位过程中,纸张理化性能指标的变化。

(6)研究老化过程中,纸张各性能指标与老化时间的相关性。

(7)建立和分析纸张老化过程中,各性能指标的回归性方程。

2.4　研究工作条件

2014 年,古籍保护实验室获古籍保护科技文化部重点实验室,实验室占地 500 平方米,拥有仪器设备 60 余台。目前具有超低温冰箱、生化培养箱、恒温恒湿箱、氙灯老化试验箱、抗张强度仪、耐破度仪、撕裂度仪、耐折度仪、白度仪、厚度仪、三维视频显微镜、全自动显微镜、紫外分光光度计、纤维质量分析仪、台式扫描电子显微镜、红外显微镜和气相色谱质谱联用仪等大型仪器,可从事文献及装具用各种材料,如纸张、纸板、纺织品和黏结剂等材料性能检测与实验研究;可对库房环境各项指标,如温湿度、光照、有害气体(二氧化硫、二氧化氮、氨气、苯、甲醛)、颗粒物和菌落总数等指标进行检测与研究;可对文献进行杀虫霉菌处理,对文献进行加固、脱酸等处理;可研制文献修复用各类设备,如纸浆补书机、染纸机、淀粉提取机、修复工作台、压书机和晾纸架等;此外,还制定文献保护行业相关标准,如耐久纸标准、库房建设标准和装具标准等。

3 检测项目及方法介绍

本研究中一项重要工作就是检测纸张老化过程中的各种性能指标的变化,纸张的性能指标按其性质可分为物理性能、机械性能、光学性能和化学性能。纸张的物理性能包括定量、厚度、紧度、平滑度、硬度、柔软性、可压缩性、尘埃度和伸缩率与尺寸稳定性。纸张的机械性能包括抗张强度、伸长率、撕裂度、耐折度和挺度。纸张的光学性能包括白度、不透明度和光泽度等。纸张的化学性能包括水分含量、灰分含量、酸碱度和高锰酸钾值等。

综合考虑实验室的仪器设备条件以及前人的研究经验,我们在研究中选择了一部分指标进行跟踪检测。它们是白度、抗张强度、撕裂度、耐折度、冷抽 pH 值、聚合度、铜价和结晶度。下面就上述各指标的定义及其检测方法进行简单介绍。

3.1 白度

纸张白度的字面意思是指纸张的洁白程度。纸张的白度是指白色或接近白色的纸或纸板表面对蓝光的反射率,与用蓝光照射氧化镁标准板表面的反射率相对比来表示。白度是根据纸张的使用要求来规定的,对于印刷纸和书写纸特别重要。但随着用途的不同,对于白度的要求也有所不同。特别是凹版印刷纸、白卡纸、特号簿页纸等纸张要求白度在 90% 以上,胶版印刷纸、证券纸、高级书写纸、画报纸、高级打字纸等纸张要求白度在 80% 以上,凸版印刷纸、一般书写纸、有光纸要求白度在 60%—70% 之间,新闻纸要求白度为 45%—50%。对于印刷画报、美术图片等的纸张,一般要求较高的白度,而对于印刷书籍杂志的纸张则白度不宜过高。又如加工鹅黄色、浅蓝色蜡光纸,如果原纸白度差,上色后往往呈灰暗色,而使色泽不鲜明。

纸张的白度主要由纸浆决定,纸浆的白度越高,成纸的白度也越高。纸浆通常采用漂白的方法提高其白度。其次,填料也对纸张的白度有影响,可选择比纤维组分白度高的填料,以提高纸张的白度。而从纸浆本身来说,漂白程度越高,纸浆中的木质素含量越低。

木质素是植物纤维中主要成分之一,它具有芳香族化合物的特性,是一种含有碳、氢、氧的化合物。根据化学分析木质素中含有以下官能团:甲氧基(-OCH$_3$)、羟基(OH)、羰基(O=C)、醛基(-CHO)、醚键(-O-)等。

木质素呈白色或近白色,不溶于溶剂,质地脆弱,在高温下能溶解,其溶液呈乳白色或深褐色。由于木质素中含有各种官能团,其化学性质比较活泼,如发生磺化反应,使木质素变成可溶性木质素磺酸盐,氧化作用变成可溶性氯化木质素。木质素最容易氧化,尤其在光照、高温和碱存在下,氧化更为迅速。木质素发生氧化磺化等反应时,颜色由白变黄。因此同一种纸颜色越黄,其老化变质程度越深。白度也通常作为纸张老化程度的一个重要指标,同一批纸张,其白度越低,老化程度就越严重。

白度的检测按照国家标准 GB/T 7974—2013《纸、纸板和纸浆蓝光漫反射因数 D65 亮度的测定(漫射/垂直法,室外日光条件)》,白度即 D65 亮度,使用符合 GB/T 7973 规定,具有主波长 457nm、半波宽 44nm 的滤光片或相应功能的反射光度计,照射到试样的 UV 含量调整与 CIE 标准照明体 D65 一致时测得的内反射因数。

白度检测的原理为:试样在标准仪器下漫射照明,垂直于试样表面的反射光线透过规定的滤光片交被光电检测或被一系列对应于不同波长的光敏二极管检测。亮度就可从光电检测器输出直接测量,或通过光敏二极管的输出并使用适当的权重函数进行计算。

在检测纸张白度时避开水印、尘埃和明显的纸病,将试样切成约 75mm × 150mm 矩形试样。至少 10 张试样,正面朝上,组成试样叠。

试样的数量应保证试样层数加倍后,反射因数不会变化。在试样叠的上下各附一纸页以保护试样,避免污染及不必要地暴露在光或热中。同时,在试样的一角作上标记,以区分试样及其正反面。如能从试样的网面来区分正面,正面应朝上。如果不能区分正面,如夹网纸机生产或两面涂布的纸张应保证纸样的同一面朝上,以保证纸和纸板的每面能分开测定。

测试时,首先根据仪器的不同,按照仪器说明书进行白板、黑筒等的校准。对每一批纸样检测十个数值,计算算术平均值,记录为该纸样的白度值。由于荧光增白剂的反射作用,故此值有可能大于 100%。测试方法参照 GB/T 7974—2013《纸、纸板和纸张　蓝光漫反射因数 D65 亮度的测定》。

3.2　抗张强度

抗张强度是指纸或纸板所承受的张力。通常以绝对抗张力表示,即一定宽度的试样的抗张力(N);或以裂断长表示,即一定宽度的纸条在本身重力作用下将纸拉断时所需的纸张长度(m);或以横向切面的抗张力表示,即以试样单位横截面的抗张力(N/m^2)表示。抗张强度是物理特性中的重要参数之一。抗张强度是比较复杂的,它是耐破度、抗撕力和耐折度等的一个组成部分,裂断长系抗张强度、厚度和定量的函数。构成纸的抗张力有四个主要因素:纤维结合强度、纤维平均长度、纤维内部组织方向交错系数和纤维原来的强度。纤维结合力的大小和性质是影响有效抗张强度最重要的条件,抗张强度也是纸袋纸和包装纸的重要性能。

抗张强度的测试采用抗张强度仪,测试方法参照 GB/T 12914—2008《纸和纸板　抗张强度的测定》。抗张强度仪在恒速拉伸的条件下,将规定尺寸的试样拉伸至断裂,测定其抗张力。如需要,可测定试样的伸长率,记录其最大抗张力。

测试纸样的宽度为 15mm ± 0.1mm。因夹具之间的距离为 180mm,纸样的长度应能被夹住,因此,纸样的最短长度通常为 250mm。在特殊情况下,也可调整夹具之间的距离为 100mm 或者 150mm,但需明确标出。试样的两个边应是平直的,其平行度应在 ±0.1mm 之内,切口应整齐,无任何损伤。纸样需具有代表性,不应在纸张边缘 15mm 以内切取试样。试样的试验面积内不应有折痕、明显的裂口和水印。进行测试前,应一次性切取足够数量的试样,以保证纸和纸板在纵向和横向上,各有 10 个有效的测定结果。

测试前纸样需按 GB/T 10739《纸、纸板和纸浆　试样处理和试验的标准大气条件》进行温湿处理,即在温度为(23 ± 1)℃、相对湿度为 50% ±2% 的条件下,使试样与大气之间达到水分含量平衡的过程。当前后两次称量相隔 1h 以上,且试样称量之差不大于试样质量的 0.25% 时,就认为试样与大气条件之间达到平衡。

抗张强度测试的条件与温湿处理的条件相同,温度(23 ± 1)℃、相对湿度 50% ±2% ,进一步的要求可参见 GB/T 10739。

测试前首先检查测量装置的零位,如果使用记录装置也应校准零位。调节夹头的负荷,保证试验过程中试样无滑动、无损伤。根据测试情况将夹头调整到规定试验长度,将试样夹在夹头上,注意不应用手接触试验区域,建议在处理试样时可佩戴一次性或轻质棉手套。摆正并夹紧试样,不留任何可觉察的松弛,并且不产生明显的应变,保证试样平行于所施加的张力方向。开始试验直至试样断裂,记录所施加的最大抗张力。如需要还应记录断裂时的伸长(单位为 mm),或者从仪器直接读出断裂时的伸长率(百分数)。

本研究采用的抗张强度仪采用的是恒速加荷法。需先做预测试验,如果纸试的断裂时间不在(25 ±5)s,应调整设备的加荷速度,其单位为 mm/min,纸试断裂时间大于 30 秒,则加大加荷速度,时间小于 20 秒则应降低加荷速度。在离夹头 10mm 以内断裂的为无效数据。应在纸和纸板的每个方向上至少测定 10 个试样,以使在每个方向上均能得到 10 个有效结果在纵横向各测 10 个有效数据。

3.3 撕裂度

撕裂度为将预先切口的一叠试样(通常四层),用一垂直于试样面的移动平面摆施加撕力,用摆的势能损失来测量在撕裂试样的过程中所做的功。纸的断裂度就是纸与纸板抗衡裂的能力,与纸的耐折度有一定的关系。撕裂度也取决于纤维长度及其内部组织方向和纤维本身的强度,也与纸的结合强度和交织情况有关。一般撕开纸的力,比裂断纸张所需的力小得多,撕开时所做的功包括两部分,就是把纤维拉开所做的功和把纤维拉断所做的功。用未打浆的纸浆制成的纸张,其撕裂力接近全部用于克服拉开纤维时摩擦阻力所做的功。实际纤维并未拉断,因为纤维间接触面积小,摩擦阻力小,因而抗撕力也低。经过轻微打浆以后纤维间结合力增加,因而把纤维拉开的摩擦阻力增加,抗撕力也就较大。在打浆初期,抗张力增加,这就是大多数纸张的典型现象。然而干纸浆并不一定总有这种撕力的初期现象,当打浆度大大增加后,纤维间已不易相互滑离,而同时其抗张强度受到破坏的纤维数量则大大增加了,这种作用将更近似剪切作用,而不是拉开作用。因此,拉断纤维所做的功比从纸页中拉开纤维所做的功小得多,从而撕开纸张所需要的功降低。换句话说,由于打浆而增加纸页的内聚力和刚度,并将使撕力集中在小面积上,其结果是抗撕力降低。通过撕裂度的测定可以知道纤维处理的方式,并了解打浆的情况,如果抗衡力很高,耐破度很低,这是打浆不足的现象;如果抗衡方很低,耐破度很高,这可能是纸浆打浆过度;如果抗撕力与耐破度过低,可能是纤维处理过程中的切断过多。

撕裂度是纸张物理强度的一项重要指标,在文献保护领域也非常重要,在国家标准 GB/T 24423—2009《在信息与文献　文献用纸　耐久性要求》中,将纸张的撕裂度作为纸张强度性能的代表性指标,标准中提到,对于定量大于 $70g/m^2$ 的纸张,纸张纵向和横向撕裂度应不小于 350mN。在文献保护研究中,也经常采用撕裂度作为纸张性能的研究指标。这主要是由于撕裂度测试时采用一叠纸(通常为四层),对于老化比较严重或者本身强度比较低的纸张都能够检测到数值,同时对于强度差别不是很大的纸张也能够进行区分。

测试方法参照 GB/T 455—2002《纸和纸板 撕裂度的测定》。国内多采用爱利门道夫(Elmendorf)撕裂度仪。纸样的大小为宽(63 ± 0.5)mm × (50 ± 2)mm,应按样品的纵横向分别切取试样,确保所取试样没有折痕、皱纹或其他明显缺陷。测试的层数为四层,如果得不到满意的结果,可适当增加或减少层数,但应明确标出。每个方向应至少做五次有效试验,如果纸张纵向与样品的短边平行,则进行横向试验,反之进行纵向试验。

纸样测试前的恒温恒湿处理和测试的环境要求均为温度(23 ± 1)℃、相对湿度 50% ±2%。具体要求参见 GB/T 10739《纸、纸板和纸浆 试样处理和试验的标准大气条件》。测试前首先对仪器进行必要的检测检查和校准。根据试样选择合适的摆重锤或量程,应使测定读数在满刻度值的20%—80% 范围内。仪器平均撕裂力由摆上的刻度来指示或由数字来显示,纸张撕裂度由平均撕裂力和试样层数来确定。

当试验中有 1—2 个试样的撕裂线末端与刀口延长线的左右偏斜超过 10mm,应舍弃不记。重复试验,直至得到五个满意的结果为止。

3.4 耐折度

纸张的耐折度是在规定的实验条件下,在专门仪器中将试样折断前所能经受的折叠次数,以双折次数表示,也有以往复折叠次数的对数(以 10 为底)表示的。耐折度表示纸张的耐柔折叠的能力,它和纸的撕裂度有一定的关系。凡是在使用时需要时常折叠的纸,对耐折度的要求较为严格,一般的文化印刷用纸的耐折度都有一定的要求。耐折度是表示纸的机器强度的重要指标之一,它决定于抄纸原料纤维的长度、强度、柔韧度和纤维之间的结合力。其中主要是纤维的平均长度，其次是纤维结合力。原材料的纤维长度越长，纤维强度越强，结合越牢固，其耐折度越高。通常情况下，麻纤维＞韧皮纤维＞竹纤维＞针叶木纤维＞阔叶木纤维＞草纤维。所抄成纸的定量、厚度以及紧度和水分含量等对耐折度的影响也很大。由于纸张在折叠时较厚纸张的表层比较薄，纸张产生更大的拉应力，因此，同种浆料所抄制的纸张，当厚度和定量在一定范围内增加时，耐折度明显下降。

耐折度的测试方法参照 GB/T 457—2008《纸和纸板　耐折度的测定》。在试验规定的方向上，应至少各切取 10 张试样。试样宽度应为 15.0mm ±0.1mm，长度应为使用仪器所规定的有效长度（肖伯尔法纸长度为 100mm，纸板长度为 140mm，MIIT 法的纸和纸板长度大于 140mm），试样两边应光滑且平行。所取试样不应有折子、皱纹或污点等纸病，试样折叠的部分不应有水印，不应用手接触暴露在两夹头的试样的任何部分。

测试前纸样需进行恒温恒湿处理。纸样测试前的恒温恒湿处理和测试的环境要求均为温度（23 ±1）℃、相对湿度 50% ±2%。具体要求参见 GB/T 10739《纸、纸板和纸浆　试样处理和试验的标准大气条件》。

耐折度的测试仪器有肖伯尔法和 MIT 法，两者的一个主要区别是肖伯尔法往复折叠的度数近 180 度，而 MIT 法往复折叠的度数为 135 度。下面将以 MIT 法为例介绍其使用方法。

耐折度测试时的标准张力为 9.81N，如果双折叠次数小于 10 次或大于 10 000 次，或者实验研究目的需要，可以减少或增加张力，文献保护研究中对于手工纸多采用 4.91N 甚至更低，使用非标准张力都需在结果中注明。

在进行测试前首先调整仪器至水平，转动摆动的折叠头，使缝口垂直。调节所需的弹簧张力并固定张力杆锁，轻拍张力杆的侧面以消除摩擦，然后锁紧张力杆，夹紧试样于夹口内，夹试样时不应触摸试样的被折叠部分，应使试样的整个表面处于同一平面内，且试样边不应从摆动的固定面漏出。松开张力杆锁,打开测试开关,开始折叠试样,直至试样断裂,仪器将自动停止计数,最后的示数即为该样品的双折叠次数。

如果试样在夹头间滑动,或不在折叠线处断裂,其结果应舍去。在纸的每个试验方向上,应至少需要 10 个试验结果。纵向试验是指试样的长边方向为纸的纵向,应力作用于纵向,断开在横向。

3.5 冷抽提 pH 值

纸张中的水可溶性物质会改变纯水 $[H^+]$ 和 $[OH^-]$ 的平衡,从而产生氢离子过剩。在某一特定条件下,用标准碱性溶液进行滴定,所测得的过剩的 $[H^+]$ 浓度,即为纸的酸度。用蒸馏水抽提试样 1h,然后用滴定法或 pH 计法表述水抽提液的酸碱度或 pH 值。

纸张的主要成分纤维素在碱性条件下比较稳定,而在酸性条件下容易发生氧化、降解等化学反应,使纤维分子聚合度降低,纤维变短,纸张的 pH 值下降,物理强度减弱,从而严重影响了其保存寿命。国家图书馆 2004 年完成的"馆藏纸质文献酸性和保存现状的调查与分析"课题结果显示,在其馆藏各类、各历史时期的文献中,民国文献的酸化和老化损毁状况最严重,其纸张 pH 值均低于 4.5,而通常纸张 pH 值低于 5.0 即被视为严重酸化。中度以上破损比例已达 90% 以上,民国初年的文献已 100% 破损,有相当数量的文献已经不能或难以提供阅览,有的已经完全失去机械强度。2016 年,国家图书馆对其剔除的 1950 年到 1990 年的文献进行了冷抽提 pH 值检测,发现有 52% 的文献纸张的冷抽提 pH 值小于 5.5,有 28% 的文献纸张介于 5.5—7.0 之间。酸化已成为现阶段影响文献保存寿命的最关键的因素。因此,在文献保护研究中纸张的酸度是一个非常重要的指标。

纸张酸度的检测方法有滴定法和 pH 计法,pH 计法又分表面 pH 值法和抽提液法。表面 pH 值法是采用酸度计上的平头电极测试纸张表面酸度的方法。测试时将要测试的纸张下面垫一张塑料布,在纸张上滴一滴蒸馏水,然后将平头电极放到纸张表面的水中,约 1min 后,读 pH 值。该方法主要用于文献中纸张的无损测试,这种方法和抽提法的 pH 值数据近似,所以是一种简便、可靠的方法。

表面 pH 值法测得的 pH 值与纸张本身的 pH 有一定差异,并且不同类型的纸张其差异的规律性也不完全一致。因此在研究中,对于可破坏的样品,通常采用水抽提液法。

水抽提液法可参照 GB/T 1545—2008《纸、纸板和纸浆 水抽提液酸度或碱度的测定》。水抽提法分为热抽提和冷抽提。冷抽提的过程是称量准确称取 2g(以绝干计)试样,与 100mL 蒸馏水一同放入带磨口玻璃塞的锥形瓶中,在 20℃—25℃环境中放置 1h,在此期间至少摇动锥形瓶一次,然后将抽提液倒入小烧杯中,制备两份抽提液,测试抽提液的 pH 值。

热抽提液法与冷抽提液法的区别在于锥形瓶中放入的是沸水,并装上回流冷凝器,温和煮沸 1h。在不移去冷凝器的情况下,迅速将试样冷却至 20℃—25℃,使纤维沉下,然后将上部清液倒入小烧杯中,制备两份抽提液,测试抽提液的 pH 值。在本研究中,采用冷抽提 pH 计法进行测试。

3.6 聚合度

纸张中组成纤维素的葡萄糖基的数量称为聚合度。在分子式 $(C_6H_{10}O_5)_n$ 式中,n 为聚合度,通常用 DP 表示。由于分子链两个末端基环比链单元多出两个氢和一个氧原子,即相对分子质量多了 18。纤维素大分子的聚合度 DP = n + 2。n 的数值为几百至几千甚至一万以上。聚合度的大小,跟纤维的强度有直接影响,聚合度越大,分子量越大,即分子链越长,纤维的机械性能越强。木材纤维素的聚合度为 6000—10 000,棉花纤维素的聚合度为 10 000—15 000,苎麻约为 10 000,

亚麻为9000。

葡萄糖单元的相对分子量为162,纤维素的相对分子量 $M = 162 \times DP + 18$,因此采用测定相对分子质量的方法测定其聚合度。测定相对分子量的常用方法有:化学方法,如端基分析法;热力学方法,如渗透压、蒸汽压、沸点升高、冰点下降;动力学方法,如超速离心沉降速度法;光学方法,如光散射法;其他方法,如凝胶渗透色谱法等。

造纸行业中,通常采用黏度法进行测定相对分子质量,进而计算其聚合度。该方法简易、快捷,精度较高,是使用最为广泛的测定相对分子质量的一种间接方法。

液体在流动时,其分子间产生内摩擦的性质,称为液体的黏性。黏度是流体黏滞性的一种量度,是流体流动力对其内部摩擦现象的一种表示。内摩擦力较大时,流动显示出较大的黏度,流动较慢。反之,黏度较小,流动则较快。黏度法测定纤维素的相对分子质量,就是将纤维素或其衍生物溶解成溶液,然后通过测定溶液的黏度来计算纤维素的相对分子质量和聚合度。

纸浆的黏度通常测定黏度比,即同一温度下,某一浓度的聚合物的溶液黏度与溶剂黏度之比。测试方法参照 GB/T 1548—2004《纸浆粘度的测定》。主要原理是基于马丁的经验方程式,用此方程式只需测定纸浆在单一浓度下的黏度比就能计算出特性黏度值。测定时要求 $[\eta] \cdot c = 3.0 \pm 0.5$,且测量是在切变速度 $G_{max} = (200 \pm 300) \, s^{-1}$ 时进行

首先将纸样在湿浆解离器(我们用榨汁机)中加水分散成纤维状直至没有浆块或纤维束,然后过滤、风干。最后将纸浆撕成 $5mm \times 5mm$ 的小块,置于干燥、洁净的玻璃瓶中,用塞子塞紧,平衡水分隔夜后使用。用移液管吸取 25mL 蒸馏水注入约溶解瓶中,同时加入 2 块至 3 块紫铜片,塞紧瓶塞子。剧烈摇荡溶解瓶至试样完全分散,再吸取 25mL 的铜乙二胺溶液于瓶中,并排除全部残留空气。再次塞好瓶塞,不断摇荡至试样完全溶解,将溶解瓶浸入恒温水浴中至温度达 (25 ± 0.1)℃。将一份试样溶液置入黏度计中,让溶液流出,用秒表计时。然后通过黏度比

值可在表中查出［η］·c值,由绝干样品质量和溶液体积等计算得到特性黏度值［η］。最后查表计算其聚合度。黏度的测试需要两个平行样品。

3.7　铜价

100克绝干纸浆纤维,在碱性介质中,于100℃时将硫酸铜($CuSO_4$)还原为氧化亚铜(Cu_2O)的克数称为纸浆的铜价。铜价可确定水解纤维素或氧化纤维素将某些金属离子还原到低价状态的能力,同时,这类反应可用来检查纤维素的降解程度、变质程度以及用来估算还原基的量。也可将铜价看作是纸浆样品中许多杂质,例如氧化纤维素、水解纤维素、木素和糖等那些具有还原性物质的一种指标,因此常用于鉴别纸浆纤维的变质程度。由于铜价的检测步骤非常烦琐,耗时耗力,非专业人员很难进行测试,因此文献保护领域一直以来都没有对此项指标碘量进行检测。在造纸行业内,对此项指标的研究也比较少。

铜价的检测参照国家标准GB/T 5400—1998《纸浆　铜价的测定》。检测的大致步骤为将纸张在湿浆解离器(我们采用榨汁机)中加蒸馏水使其分散直至纸浆中没有浆块和纤维束,然后在放有滤布的布氏漏斗上过滤、吸干,最后风干。测试时,精确称取0.5g准备好的试样,放在500mL干的瓶中,用移液管加入萨氏试剂50mL,边加边摇动。摇匀后于瓶口倒放一个25mL的锥形瓶,放在沸水浴中加热1h,保证碘量瓶内液面稍低于沸水水面,加热时间为1h±3min。在加热过程中,每10—15min摇动一次碘量瓶。加热后将碘量瓶取出,置于流动的冷水中冷却至室温。取下盖在瓶口的锥形瓶,立即用少量蒸馏水洗涤锥形瓶,洗涤水应无损的洗进碘量瓶中,加50mL的蒸馏水及硫酸溶液30mL,并充分摇动约30min。待气泡基本停止发生后盖上原碘量瓶的瓶盖,进一步摇匀后在暗处放置5min,取下瓶盖,用蒸馏水吹洗并稀释至溶液体积约为 200mL。然后用硫代硫酸钠标准溶液滴定,近终点时加入淀粉指示液 2—3mL。在充分摇动的情况下,继续滴定至蓝色刚好消失。

其中,萨氏试剂的配置过程为溶解 30g 酒石酸钾钠及 30g 无水碳酸钠于约 200mL 热蒸馏水中,加入 1mol/L 氢氧化钠溶液 40mL,在不断搅拌下加入 100g/L 硫酸铜溶液 80mL,煮沸以除去溶液中的空气。在另一烧杯中溶解 180g 无水硫酸钠于约 300mL 蒸馏水中,煮沸以除去溶液中的空气。然后将其与含有硫酸铜的溶液合并在一起,冷却后移入 1000mL 容量瓶中,加入 100g/L 碘化钾溶液 80mL。摇匀后再加入 0.1667mol/L 碘酸钾溶液 4mL,最后加蒸馏水稀释到刻度,摇匀静置 1 至 2 日。如溶液出现混浊,应用玻璃砂芯滤器过滤后存入试剂瓶备用。

在铜价的检测过程中,需要在沸水浴中加热 1h,采用油浴锅,在锅内加水,温度设为 100℃,采用生物实验中常用的摇床充分摇动 30min。做一个纸样的铜价非常耗时,不算萨氏试剂的配置和样品纸浆的制作,仅后面的检测过程中水浴加热到沸腾通常需要 0.5h,在沸水中加热需要 1h,在摇床中需要摇 0.5h,因此通常需要 3h 才能完成一个纸样的检测。所以,通常一批一批地进行测试,最多的时候,从早八点半到下午五点,中午不间断,一天可以检测 24 个数值,即 12 个样品的铜价。

3.8　结晶度

纤维素的结晶度是指纤维素构成的结晶区占纤维整体的分散,它反映纤维素聚集时形成结晶的程度:

$$
\text{结晶度 } Xc = \frac{\text{结晶区样品含量}}{\text{结晶区样品含量 + 非结晶区样品含量}} \times 100\%
$$

纸张内的纤维素的聚集态结构为超分子结构,包括处于平衡态时纤维素大分子链相互间的几何排列特征,主要包括结晶结构(晶区和非晶区、晶胞大小及形状、分子链在晶胞内的堆砌形式、微晶的大小)和取向结构。纤维素大分子是由 1,4-β 苷键联结的 D—葡萄糖单元构成的线性链。与其他高分子聚合物比较,植物纤维素分子的重复单元是简单而均一的,分子表面较平整,使其易于长向伸展,加上吡喃葡萄糖环上有反应性强的侧基,十分有利于形成分子内和分子间的氢键,是这种带状、刚性的分子链聚集在一起,形成规整的结晶结构。根据 X 射线衍射的研究,纤维素大分子的聚集,一部分的分子排列比较规整,呈现清晰的 X 射线衍射图,这部分叫作结晶区。另一部分分子链排列不整齐,较松弛,其取向大致与纤维轴平行,称为无定形区。近年来,也有很多学者对结晶度进行研究,以期找到结晶度与纸张纤维老化之间的关系,担忧由于纤维晶体结构及其变化的复杂性,目前尚未取得一致性的研究成果。

测定纤维素结晶度常用的方法有 X 射线法、红外光谱法和密度法等,本研究中采用 X 射线法。X 射线法测定纤维素的结晶度,是利用 X 射线照射样品,结晶结构的物质会发生衍射,具有特征的 X 射线衍射图。通过测定各入射角 θ 和相应的 X 射线衍射强度,以 2θ 为横坐标,X 射线衍射强度为纵坐标,作 X 射线衍射强度曲线,由曲线计算纤维素的结晶度及微晶大小。结晶度的计算可采用面积法、曲线相对高度(峰强度)法。本研究中采用峰强度法进行计算,结晶度的计算公式如下:

$$结晶度 = \frac{I_{002} - I_{am}}{I_{002}} \times 100\%$$

式中,I_{002}—002 面的最大衍射强度:

I_{am}—2θ = 18°时衍射强度,即无定形区的衍射强度。

4 研究用纸介绍

4.1 纸张的概念

关于纸张的概念,在不同的文献里稍有区别。潘吉星先生给出的传统的纸的定义如下:植物纤维原料经机械、化学作用制成纯度较大的分散纤维,与水配成浆液,使浆流经多孔模具帘滤去水,纤维在帘的表面形成湿的薄层,干燥后形成具有一定强度的有纤维靠氢键缔合而交结成的片状物,用作书写、印刷和包装等用途的材料。简单说,纸是植物纤维经物理—化学作用所提纯与分散,其浆料在多孔模具帘上滤水并形成湿纤维层,干燥后交结成的薄片状材料。

1951 年版的《大苏维埃百科全书》里对纸的定义为纸是基本上用特殊加工、主要由植物纤维层组成的纤维物,这些植物纤维加工时靠纤维间产生的联结力而相互交结。

1963 年版的《美国百科全书》认为纸是从水悬乳液中捞在帘上形成由植物纤维交结成毡的薄片。

1979 年版的《辞海》中纸的定义是用以书写、印刷、绘画或包装等的片状纤维制品。一般由经过制浆处理的植物纤维的水悬乳液,在网上交错组合,初步脱水,再经压榨、烘干而成。

潘吉星先生总结了纸的四个关键要素:

(1)原料:纸的原料为植物纤维,而不是动物纤维、无机纤维或人造纤维,用植物纤维以外原料所制者均不是传统意义上的纸。

(2)制作的过程:植物纤维原料经化学提纯、机械分散、成浆、抄造及干燥定型等工序处理而成者为纸,未经这些工序,用另外途径而成者,也不是传统意义上的纸。

（3）外观形态：表面较平整、体质柔韧，基本由分散纤维按不规则方向交结而成，整体呈薄片状。

（4）用途：书写、印刷及包装等。

只有同时满足上述这些条件的，才能称为纸，否则，就不是纸。

4.2 造纸的起源与发展

关于造纸术的发明，长期以来在学术界争论不休，一般认为，纸是东汉时的宦官蔡伦发明的。公元 105 年，蔡伦在前人实践的基础上总结了民间造纸的经验，采用官府提供的设备加以改良、提高和推广，使造纸术有了前所未有的突破。据《后汉书》记载："自古书契多编以竹简，其用简帛者谓之纸。缣贵而简重，并不便于人。伦乃造意，用树肤、麻头及敝布、渔网以为纸。元兴元年奏上之，帝善其能，自是莫不从用焉，故天下咸称蔡侯纸。"从此，我国造纸业得到进一步的发展。

西汉是中国造纸术的起始阶段，魏晋南北朝则进入发展阶段。这时期的造纸术与汉代相比，不仅在产量、质量等方面有所提高，而且造纸原料扩大，设备更新，出现了新的工艺技术，并且用黄檗汁浸染纸张，以防虫蛀等措施，是我国人民染潢技术的首创。

隋唐五代是中国造纸术的兴盛时期，其造纸原料比魏晋南北朝又进一步扩大，成本降低，纸制品在日常生活中广泛应用。同时，在改善纸浆性能，改革造纸设备等方面也取得了一些进步和提高。随着对外文化交流，造纸术从东、西、南三个方向传播到日本、阿拉伯和印度、尼泊尔等地。

宋元时期称为中国古代造纸术的成熟阶段，造纸原料从原来的树皮、麻、破布和旧渔网，又增加了竹子、稻草、麦秆等。由于造纸原料的扩大，造纸技术革新，造纸设备改进，这一时期造出来的纸，比前代数量更多、质量更高的各种纸，如竹纸和麦、稻秆纸，这标志着造纸史上的新纪元。纸在绘画、印刷、货币等方面广为应用，同时纸制品还运用于制作衣服、帐、被和枕头等,成为缣帛、纺织品的部分代替物。

明清时期的造纸术可以说是集大成的阶段,不但造纸的原料、技术、设备和加工方面大为改进,就是纸的产量、质量、用途、产地均比前代更为增长。甚至还出现了专门记载造纸和加工技术的著作,为前代所少见。

18 世纪以前,我国在纸的制造和加工方面,在世界上仍保有领先地位。1750 年,荷兰人发明新式机械打浆机,1798 年,法国人罗伯特发明长网造纸机。19 世纪中叶西方又有了化学木浆造纸技术,手工造纸逐渐被机器造纸所代替。机械纸成为造纸业的主流产品,纸张的用途和种类也日趋丰富。

4.3 研究中用纸介绍

4.3.1 宣纸

宣纸是用青檀皮、沙田稻草为原料制成的手工纸,出产于安徽宣州而得名。此纸质地柔韧、洁白平滑、细致匀整、色泽经久不变,被誉为"滑如春冰密如蚕"的美称。宣纸品种规格繁多,常见的有螺纹纸、玉版宣、扎花宣等,为我国唐、宋以来的古代书画所采用的纸。

制作宣纸采用檀树枝条的青檀皮,以二年和三年生的韧皮纤维质量最佳。青檀纤维最长可达 3.66mm,最短为 1.67mm,多数为 2.3mm 左右。纤维素的含量约占 58%,木素约 7%,多戊糖为 20%,果胶约 10%。

沙田稻草不同于普通泥田栽种的稻草。沙田稻草的稻秆较长,叶少节多;纤维素的含量稍高,钼酸含量相对较少;从纤维形态上看,稻草纤维的杂细胞更多,面积比高达 54%。

按宣纸原料配比进行分类,可分为特净皮、净皮和棉料三类。特净皮中青檀皮的含量为 80%,沙田稻草为 20%,净皮中青檀皮的含量为 70%,棉料中青檀皮的含量为 60%。纸中青檀皮的比例越高,拉力越大,质量也越好,在使用时也更能体现丰富的墨迹层次和润墨效果。

按加工方法可以分为生宣、熟宣和半生半熟宣。其中生宣是采用竹帘直接从纸槽中捞起后经烘干、未进行任何处理的成纸。生宣具有特殊的润墨性,耐久性高,适用于大写意和书法以及装裱等。熟宣是采用胶矾等化学品对生宣进行特殊加工后宣纸,其纸质较生宣为硬,吸水力弱,使用时墨和色不会洇散开来,宜用于绘工笔画,可再加工成各种花色纸,如珊瑚宣、云母宣、冷金宣和虎皮宣等。

宣纸按纸页薄厚可分为单宣、夹宣、二层贡和三层贡等。

宣纸按规格尺寸可分为三尺、四尺、五尺和六尺等。宣纸尺寸对照如下表所示。

宣纸尺寸对照一览表

序号	名称	尺寸(宽度×长度,单位:cm)
1	三尺	46×69
2	对开	69×69
3	四尺	69×138
4	五尺	84×153
5	六尺	97×180
6	八尺	124×284
7	丈二	145×357
8	丈六	193×503
9	丈八	215×550

4.3.2　桑皮纸

桑皮纸是由桑树幼嫩茎干或枝条韧皮层部剥取而得的内皮层纤维抄制的纸张。桑树,桑属,桑科,别名黄桑、荆桑、家桑,约有12种,我国常见的有家桑、埂桑、小叶桑、葫芦桑和黑桑五种。古时有名的书画纸、高丽纸、贵州的皮纸等都以桑皮为原料。

桑皮纤维多呈圆柱形,壁上有明显的横节纹,胶衣明显,与碘—氯化锌作用,熟料桑皮纤维呈紫红色,生料桑皮纤维呈黄绿色,在纤维上或纤维细胞中常附着一些无定形黄色蜡状物。

4.3.3　竹纸

竹类属禾本科的竹亚科植物。全世界已有记载的共50多属,500多种。分布在中国的竹类,初步估计有26属,200多种,我国造纸常用的有30多种。我国是世界上第一个用竹子造纸的国家,用竹子造纸始于东晋时期,已有1600多年的历史。用来造纸的竹子,有毛竹、苦竹、慈竹和南竹等,著名的竹纸种类有毛边纸、毛太纸、川连纸、元书纸、梗棒纸、连史纸等十余种。竹子纤维比较细长,平均长度在1.5—2.0mm之间,平均宽度一般在15μm左右。竹纸的柔软性好,纸张的均匀性好,明清时期的很多古籍都采用竹纸印刷。现在机械竹纸在市场上也占有很大市场,竹纸的定量通常较低,强度不高,但韧性较好。

4.3.4　字典纸

字典纸也叫圣经纸,是一种薄型的高级印刷纸,主要供凸印机和胶印机印制字典、工具书、袖珍手册、科技资料及其他精致印刷品。字典纸的定量在机制纸中算比较低的,定量有$25g/m^2$、$30g/m^2$、$33g/m^2$、$35g/m^2$和$40g/m^2$几种。

字典纸的主要原料为漂白化学木浆,也可加入适量棉浆、漂白破布浆和草浆。通常要加入较多的质量较高的填料,采用轻度施胶,在长网多缸型纸机上抄造。干燥后要经过超级压光或普通压光,使纸面具有较高的平滑度。

字典纸的纸页比较薄,为保证其在轮转印刷机上印刷时不断纸,通常其抗张强度较大;字典纸纸面洁白细腻且不透明度高,印小号字亦字迹清晰。其白度要求是77%—79%,纵横向撕裂度长度平均2300—2500m,不透明度不低于70%—81%。

字典属于定量较低,纸张较薄,强度较大,耐久性较好的一种纸张,是研究文献用纸必选的纸张。

4.3.5　新闻纸

新闻纸俗称白报纸,主要供印报纸使用,有时也用于印刷一些期刊和杂志。新闻纸的定量多为 $49g/m^2$,也有 $51g/m^2$ 和 $45g/m^2$。新闻纸绝大多以机械木浆,特别是磨石磨木浆为主要原料,掺以 10% 左右的化学木浆抄造制成,浆料中还加入一些填料(一般为滑石粉)以便于印刷。有时对磨木浆用过氧化氢漂白,以改善纸的白度。新闻纸一般不进行施胶,以利于油墨的快速吸收和干燥。新闻纸的首要性能要求是油墨的吸收性好,以便能够适应高速轮转胶印机的要求。其次是抗张强度高,以保证印刷过程中不发生断纸。同时,新闻纸的纸面要平滑,至少经过普通压光,使印刷出来的文字和新闻图片不漏线,不露点,清晰美观,获得较好的印刷效果。由于报纸是两面印刷的,因此要求新闻纸不透印,即印出的字迹在纸的另一面不能显现出来。

4.3.6　打字纸

打字纸是一种供打字、印刷单据、表格、多联复写凭证以及在书籍中用作隔页用纸和印刷包装用纸的薄页纸。它的特点是纸质薄并有较高的强度,纸质洁净平滑,富有韧性,打字时不穿洞,用硬笔复写时不会被笔尖划破,纸张两面平滑、匀度要好,纸面平整,没有褶子、皱纹、泡泡纱、孔眼等纸病。打字纸的纤维种类较多,有草浆、竹浆、木浆等多种,也可由几种浆料掺杂。通常用长网造纸机抄造。

4.3.7　构皮纸

构皮取自构树。构树是一种落叶灌木,属于构属,桑科,常与楮树皮混称。构皮纤维品质好,韧性强,纤维细长,是一种优质的长纤维造纸原料,我国利用构树制造皮纸的历史悠久。

在对构皮的组织结构、纤维形态及超微结构的详细研究中发现:构皮纤维细长,粗度大,老皮纤维长宽比达417,平均长度为 7.26mm,

嫩皮纤维长宽比达318,平均长度为5.05mm;纤维表面有一层透明胶膜,俗称胶衣。构皮纤维与碘—氯化锌染色剂作用,呈棕红色到红棕色,构皮浆中还有一个显著的特点就是浆料中含有大量的棱形和正方形的草酸钙晶体。

5 充氮保存环境加速老化研究

纸张是古籍、档案和字画等珍贵文化遗产的重要载体。古籍、档案和字画等纸质文物保存的一项重要任务就是永久地保存纸张。影响纸张保存寿命的外在因素主要有温湿度、光照、有害微生物和有害气体等。目前,随着经济实力的提高和科学技术的发展,文献库房的温湿度、光照和微生物都得到较好的控制。文献保护的有害气体的控制也提上了议程,受到越来越广泛的关注。减少有害气体对文献破坏的有效方法通常有进行库房通风、增强空调的过滤能力等,目前很多研究者提出充氮保存的方法,可以隔离氧气和室外受污染的空气,达到永久保存文献的目的。近年来,充氮技术受到密切关注,广泛应用于用于食品保鲜、军工产品、医药、化工、天然气开采、饮料、金属热处理、粉末冶金、电子以及书库、博物馆的珍贵书画的保存等。氮气是一种无色、无味的中性惰性气体,采用氮气环境保存可以防止纸张的氧化,减少虫霉等病害的发生,延长文献的保存寿命。山东省档案馆的孙洪鲁等人设计了一款充氮保存柜,并对其安全性、可行性和有效性进行了说明。米士刚等人介绍了氮气置换技术在档案保护方面的应用前景和相关设备。本文研究了单宣、桑皮纸、苦竹纸、字典纸和打字纸在氮气、空气和密封三种保存环境下,在105℃下热老化72h后纸张的白度、撕裂度和冷抽 pH 值的变化,同时进行被动采样研究了老化过程中环境中的气体。

5.1 实验部分

5.1.1 纸张样品

实验选择五种纸张,分别为单宣、桑皮纸、竹纸、字典纸和打字纸。

5.1.2　实验设备

老化箱,天津森罗充氮保存柜,储气罐,空压机。仪器的示意图如下:

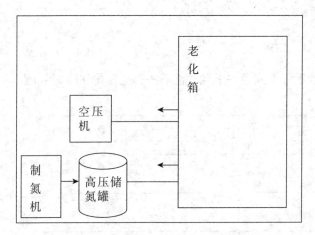

图 5 - 1　不同保存条件下老化实验装置

5.1.3　实验过程

将三份相同的五种纸样分别放入充氮气盒、充空气盒和密封盒内,三个盒子同时放置于老化箱内,向充氮气盒通入纯度为 98% 的氮气,向充空气盒通入经过初步过滤的室内空气,气体的流量均为 10mL/min,密封盒保持密封无气体进出。将三个盒子内都放入 Tenax 吸附管,进行被动采样。在老化箱加热温度为 105℃,老化时间为 72h。同时五种纸样各保存一份对照样,于避光环境下常温保存。

5.1.4　性能研究

采用美国 DATACOLOR 公司 Elrepho450X 型白度仪、美国 TMI 公司 Automatic Elmendorf TEAR tester 83-21-00 型撕裂度仪、美国 TMI 公司 Horizontal Tensile Tester 84-58-00 型卧式拉力机、德国赛多利斯

(Sartorius)公司 PY-P11 PH 型便携式 PH 计、美国安捷伦(Agilent)公司 7890A/5975C 型气质联用仪。

5.2　实验结果分析

5.2.1　白度

五种纸张不同条件下老化前后的白度变化如图 5-2 所示。

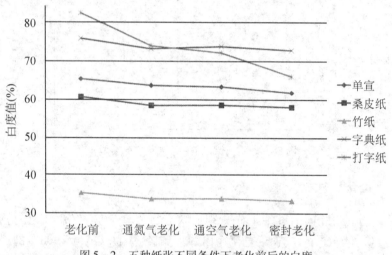

图 5-2　五种纸张不同条件下老化前后的白度

从图 5-2 可以看出,除打字纸外,五种纸各种条件老化前后的白度值的大小顺序一致:字典纸＞单宣＞桑皮纸＞苦竹纸。打字纸老化前及通氮气老化后的白度值均高于字典纸的白度值,通空气和密封老化后的白度值比字典纸的低。打字纸三种老化过程中的数值变化最大,白度值降低数值大小的顺序为:密封＞通空气＞通氮气。单宣在三种老化过程中的数值变化趋势与打字纸相同,变化幅度较小。字典纸、桑皮纸和竹纸在三种老化过程中的数值变化趋势基本相同,白度值变化大小的顺序为:密封＞通空气≥通氮气。

纸张的白度值与纸浆的脱木素程度、漂白程度和加填程度等因素有关,通常为认为是老化过程中白度值降低越少,纸张的耐老化程度越好,老化过程中白度值降低越少,保存的方式也越有利于纸张的长久保存。通过老化前后白度值的分析结果可以看出,密封保存最不利于纸张的保存,通氮气和通空气的方式较有利于纸张的保存,其中,通氮气要略好于通空气。

5.2.2 撕裂度测试

五种纸张不同条件下老化前后的撕裂指数变化如图 5 - 3 所示

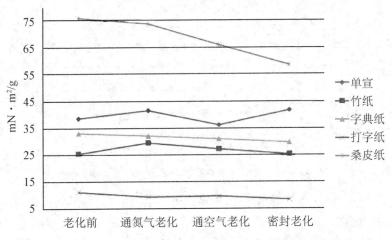

图 5 - 3 五种纸张不同条件下老化前后的撕裂指数变化

从图 5 - 3 可以看出,桑皮纸的撕裂指数数值变化最明显,桑皮纸和字典纸在不同条件下老化前后的撕裂指数的变化一致:老化前 >通氮气 >通空气 >密封。打字纸的不同指出是的数值变化不太明显,通空气与通氮气老化的数值差不多,甚至通空气的数值略高于通氮气的。竹纸的不同是在老化前的撕裂指数很低,可能是实验误差或者纸张的不均匀性所致。单宣的不同之处是密封老化后的撕裂指数高,老化前的撕裂指数低,其原因与竹纸相同,其为手工纸均匀性差。

撕裂指数是衡量纸张物理强度的重要指标,其数值降低得越少,说明保存的方式越有利于纸张的保存。综合分析五种纸张的撕裂指数指标,可以看出保存条件的从优到劣的顺序为通氮气、通空气、密封保存。

5.2.3　冷抽 pH 值

五种纸张不同条件下老化前后冷抽 pH 值的变化如图 5 – 4 所示。

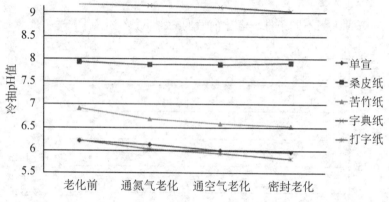

图 5 – 4　五种纸张不同条件下老化前后冷抽 pH 值变化

从图 5 – 4 可以看出,除桑皮纸以外,其他四种纸张不同条件下老化前后冷抽 pH 值的大小非常一致:老化前 > 通氮气老化 > 通空气老化 > 密封老化。桑皮纸不同条件下老化前后冷抽 pH 值老化前 > 密封老化 > 通空气老化 ≥ 通氮气老化。

pH 值是纸张酸碱性的主要标志,纸张的主要成分纤维素在碱性条件下比较稳定不易发生水解、氧化等反应,在酸性条件下纤维素容易发生水解、氧化等反应。通常情况下,纸张的 pH 值越低,表示其老化程度越严重。反过来说,pH 值下降程度越大的条件,是越不利的纸张永久保存的条件。从冷抽 pH 值的整体结果看保存条件的从优到劣的顺序为:通氮气、通空气、密封。

5.2.4 老化过程空气质量研究

不同条件下老化过程吸附管采样峰面积如图 5 – 5 所示。

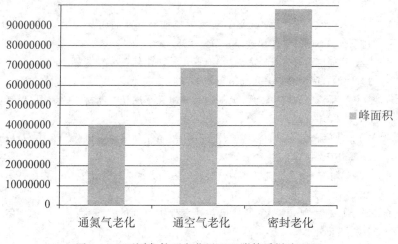

图 5 – 5 不同条件下老化过程吸附管采样峰面积

从图 5 – 5 可以看出,不同老化条件下吸附管采样的峰面积差别较大。峰面积的大小顺序为:密封老化 > 通空气老化 > 通氮气老化。密封老化的峰面积约为通氮气老化的峰面积的 2.5 倍,是通空气的峰面积的 1.4 倍。

5.3 结论

(1)通氮气的防老化效果最好,通空气的防老化效果次之,密封的防老化效果最差。

(2)不同种纸张的三种老化效果存在差别,耐久性最差的打字纸的效果区分最明显,而耐久性最好的桑皮纸的效果区分最不明显。

(3)密封保存文献不是理想的方式,在密封条件下,纸张的自挥发物无法释放出去。因此对装具的提出更高的要求,即在保护文献的同时能够透气,允许装具内外空气的流通。

参考文献

[1]董华,朱飞堂,高健,等.充氮对包装大豆油储存期品质及外观的影响研究[J].现代农业科技,2014,(24):276 – 278.

[2]孙志威,周巾英,冯健雄,等.真空充氮包装对烘烤花生贮藏品质的影响研究[J].粮油食品科技,2013,21(4):45 – 48.

[3]谢凤宽,梁志杰,杜建华,等.充氮包装技术在军用光电器材中的应用[J].包装工程,2010,(13):63 – 65.

[4]关孚时,蒋卉,戴志红,等.氮气用于兽用疫苗制品的保存试验[J].中国兽药杂志,2010,44(12):18 – 19.

[5]孙洪鲁,张美芳.真空充氮密封包装对增强档案耐久性的研究[J].中国档案,2012,(10):63 – 65.

[6]米士刚,刘盈利.氮气置换技术在档案保护方面的优越性[J].中国档案,2010,(8):56.

6 湿热加速老化研究

从东汉时期蔡伦发明造纸术以来,纸张这一文字信息的优良载体便一直推动着中国乃至世界文明的传承和发展。时至今日,全世界现存从古到今浩如烟海的纸质文献、书籍、档案、字画等图文信息载体早已成为人类文明的一个重要组成部分。由于 20 世纪以来酸性造纸工艺以及大气环境污染等因素对于纸张保存的负面影响,如何长期乃至永久性保存这些纸质文献成为全世界图书馆、档案馆和文博单位等纸质文献收藏部门非常关注的一项课题。

纸张的耐久性受多种因素影响,其中环境湿度是影响纸张寿命的一个非常重要的外部因素。多年以来,国内纸质文献保存部门常以 50% 的相对湿度作为纸张保存的最适湿度,其理论依据主要是在此湿度下纸张具备最优的机械强度。然而随着相关研究的深入,这一理念逐渐显示出一定的局限性,即对于永久保存的纸质文献而言,抑制纸张内部老化反应的活性和保持良好的物理强度都是延长纸张保存寿命的重要因素。本实验即从这一角度出发,利用加速老化的方式,探究相对湿度对于纸张各项理化指标乃至耐久性能的影响。

6.1 材料与方法

6.1.1 实验材料

实验选用五种纸张样品,分别为贵州丹寨构皮纸、汪六吉净皮宣纸、新闻纸、打字纸和浙江宁波产古籍修复竹纸。

根据老化箱的横截面面积,将纸张裁成约 30cm×25cm 的长方形,裁纸的过程中保持纸张的正反面和纵横向一致,并进行标记。

6.1.2　实验设备

仪器设备:美国 Mast 温湿老化箱、DatacolorElrepho 分光白度仪、TMI Elmendorf 撕裂度仪、TMI 卧式抗张强度仪、TMIMIT 式耐折度仪、Sartorius AG pH 计、中国制浆造纸研究院定制毛细管黏度计。

6.1.3　加速老化实验方法

将五种纸样各裁取 50 张,每种取 10 张组成一组实验样品,共计五组。每组包含构皮纸、宣纸、新闻纸、打字纸和竹纸各 10 张,记为一个老化实验单元。参照 GB/T 22894—2008《纸和纸板　加速老化在 80℃ 和 65% 相对湿度条件下的湿热处理》的温度条件,实验选定的老化温度为 80 ± 0.5℃,老化周期为 60 天。

将五组样品中的四组样品分别在相对湿度为 30%、40%、50% 和 60% 的老化环境中进行一个周期的湿热老化。同时,五组样品中所剩一组作为未老化的平行样,于避光处保存。待所有老化实验结束后,五组样品同时进行纸张性能的检测。

6.1.4　纸张性能检测方法

分别测定五组纸样中每种纸样的白度、抗张强度、撕裂度、耐折度、冷抽提 pH 值、聚合度和铜价。检测方法分别依据国家标准 GB/T 7974—2013、GB/T 12914—2008、GB/T 455—2002、GB/T 457—2008、GB/T 1545—2008、GB/T 1548—2004 和 GB/T 5400—1998。

6.2　结果与讨论

6.2.1　纸张白度

纸张白度的返黄值常作为判断纸张老化程度和耐老化能力的一项重要指标,一般认为同种纸张其返黄值越大,纸张的老化程度越高。

而同一老化周期内返黄值越高,则代表纸张的老化速度更快,更不耐久。当然,纸张白度的下降情况还跟纸张的种类、漂白工艺、抄造工艺等密切相关。实验中的五种纸样在不同湿度老化条件下的白度变化情况如图6-1所示。

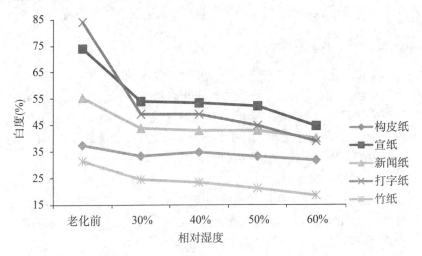

图6-1 相对湿度对老化后纸张白度的影响

五种纸样的初始白度最高为打字纸(84%),其次是宣纸(74%),新闻纸、构皮纸和竹纸的白度都较低。经过60天的湿热老化之后,五种纸样的白度都明显下降,下降幅度依次为打字纸>宣纸>新闻纸>竹纸>构皮纸。一般而言,高白度纸张的白度稳定性会较差,在老化过程中返黄速度更快。打字纸和宣纸一般其生产过程所采用的漂白方法都比较简单,木素脱除也不是非常彻底,在老化之后其白度迅速下降。而新闻纸、竹纸和构皮纸因为初始白度较低,老化后返黄幅度较小,尤其是构皮纸,白度稳定性非常好。

在不同的相对湿度老化条件下,五种纸样的返黄值也呈现比较一致的变化趋势,即随着老化湿度的升高,纸张老化后的白度值逐渐降低。表现最明显的为打字纸和宣纸,30%相对湿度下老化后白度为49%和54%,而到60%相对湿度下则降到39%和45%,60%湿度条件下的返黄值比30%湿度下整整高出10%左右,这一结果表明在较高的湿度条件下纸张返黄的速度更快。另一个比较明显的现象是老化湿度从30%到50%这一区间纸张白度尽管呈下降趋势,但幅度很小;而当湿度升高到60%时,有三种纸样的返黄值都出现明显加速,表明在相对湿度超过50%以后,纸张内部的老化速度会明显提高。

6.2.2 纸张物理强度

纸张老化的另一个外在表现便是物理强度的降低,由于纤维素的不断降解,引起纸张内部纤维结构的断裂和破碎,严重时纸张呈脆化和粉化状态。纸张的物理强度通常采用抗张强度、耐折度和撕裂度来表征,本实验测定了五组纸样的抗张强度、耐折度和撕裂度,分析老化过程中纸张物理强度的变化情况。

6.2.2.1 抗张强度

抗张强度表示纸张抗拉伸的性能,影响抗张强度最重要的因素是纤维之间的结合力及纤维自身的强度,纸张的老化过程会造成纤维自身强度的降低,从而引起纸张抗拉伸性能下降。

实验中五种纸样在老化之后抗张强度都发生了一定程度的下降,其中下降幅度较大的是打字纸和宣纸。由于打字纸和宣纸的生产过程中均有专门的漂白工序,纤维原料受化学处理的程度较高;而新闻纸、构皮纸和竹纸的生产过程中一般没有专门的漂白过程。这种纤维自身性能的差异在老化之后纸张的强度上得以体现,受化学处理程度较轻的构皮纸和竹纸则能够在老化前后保持良好的强度稳定性。

相对湿度梯度老化实验的结果在图6-2中也同时呈现,当老化湿度从30%上升到60%,纸张抗张强度呈缓慢下降趋势,尽管这一幅度比较平缓,但30%—40%的相对湿度环境下纸样的抗拉强度要明显高于50%—60%湿度环境下的纸样。表明在纸张内部老化降解的一系列化学反应过程当中,湿度的确是一个重要的影响因素,较高的湿度环境下化学反应的活性更强,纤维素降解得更快,纤维自身的强度损失速率也随之更快,宏观的表现就是纸张抗张强度快速降低。

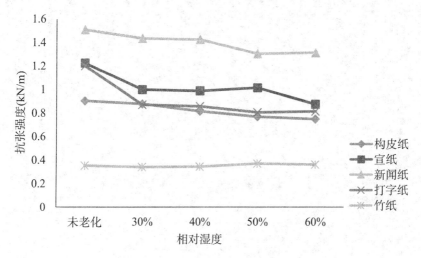

图 6 - 2　相对湿度对老化后纸张抗张强度的影响

6.2.2.2　耐折度

耐折度表示纸张抗折叠的性能,纸张的耐折能力主要受纤维自身强度、柔韧性、纤维长度及纤维结合力的影响。由于耐折度被认为是纸张机械强度的一个综合性指标,文献保护领域常常以纸张的耐折能力来衡量纸张的耐久性。涉及传统手工纸时,耐折度的测定常面临一系列问题,由于手工纸多较轻薄,紧度不高,耐折度一般较低,加之手工纸的均匀性较差及帘纹的影响,纸张耐折度常有非常大的波动,给检测带来很大影响。本次耐折度检测实验中对构皮纸、宣纸、新闻纸和打字纸的纵向采用 10N 的拉力,横向采用 5N 的拉力。强度较低的竹纸纵向采用 5N 的拉力,横向采用 2N 的拉力,尽可能测出有效的数据,以对比其在不同老化状态下的耐折度变化。

五种纸样老化前后耐折度的变化情况如图 6 - 3 所示,对比老化前后各种纸样的耐折度变化情况,打字纸在老化之后耐折度下降最快,从最高的 2 左右下降到 0.5 左右,说明较高强度的化学处理过程损伤了纤维自身的强度,使成纸的耐久性能大打折扣。而宣纸在老化后耐折度的降低则比打字纸要缓和许多,没有出现大幅度的下降。

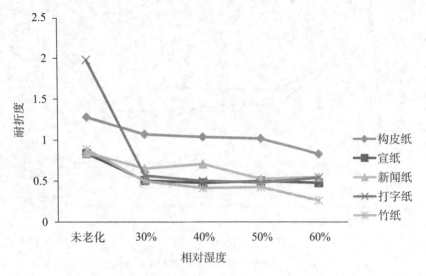

图 6-3　相对湿度对老化后纸张耐折度的影响

不同老化湿度对耐折度的影响与其对抗张强度的影响类似,即随着老化环境相对湿度的升高,纸张的耐折度呈下降趋势。较高的湿度环境使得纸张内部老化降解反应的活性更强,而纤维自身的强度、韧性都会因为纤维素的降解反应而降低,进而造成纸张耐折性能的降低。整体而言,较低的老化湿度能够维持纸样具备更好的耐折性能。

需要指出的是,当相对湿度从50%提高到60%时,打字纸和新闻纸两种机制纸的耐折度没有太明显的变化,甚至从数据上看还略有提升。而构皮纸、竹纸和宣纸三种手工纸的耐折度则出现明显下降,这表明较高的老化湿度会造成手工纸耐折性能的快速下降,造成这一现象的原因可能跟机制纸抄造过程中添加了增强剂有关。

6.2.2.3　纸张撕裂度

撕裂度是纸张在被撕裂时所做的功,纸张撕裂度主要受纤维长度和纸张空隙率的影响。本实验选取的五种纸样中,构皮纸具有最长的纤维长度,其次是含有青檀皮的宣纸,而构皮纸、宣纸和新闻纸同时又具备良好的松厚度,因此这五种纸样当中构皮纸的撕裂度最好,其次为宣纸和新闻纸,而竹纸和打字纸的撕裂度较低(如图6-4所示)。

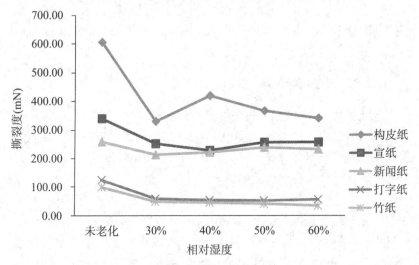

图6-4　相对湿度对老化后纸张撕裂度的影响

　　五种纸样老化前后的撕裂度变化幅度跟老化前的撕裂度值呈正相关,即撕裂度越大的纸张,老化后的下降幅度也越大。造成这一现象的原因还是跟老化前后纤维长度的变化有关,越长的纤维在经过同等程度的老化断裂之后纤维长度的降低幅度更大,因此其对撕裂度的影响也更加明显。

　　相对湿度对于纸样撕裂度的影响与其对抗张强度和耐折度的影响略有不同,每种纸样的曲线变化趋势各有所异,从整体趋势上看,在30%相对湿度时五种纸样的整体撕裂度偏低,而到40%和50%时又略有增长,到60%相对湿度时又出现下降的趋势,尤其是比较松厚的构皮纸、宣纸和新闻纸这一趋势更为明显。出现这一现象可能跟纸张撕裂度受环境湿度的影响有关,一般认为纸张的撕裂度会随着湿度的上升而上升,也就是说较高的湿度能够维持纸张更好的撕裂度,尽管低湿度环境能有效降低纸张老化反应的化学活性,但可能也会对形成纸张撕裂度的某些特性造成损伤,因而在较低的湿度环境下,老化后纸张的撕裂度出现较低值。在较低湿度会降低纸张撕裂度和抑制老化反应活性两个因素的共同影响下,老化后纸张出现30%和60%湿度的撕裂度较低,而中等湿度(40%—50%之间)的撕裂度较高的情况。

6.2.3　纸张化学性质

从纸张耐久性的角度来看,纸张老化过程中比较重要的化学性质有纸张的酸碱度、纤维聚合度和铜价。本实验测定了五种纸样在老化前以及四个湿度环境下老化60天之后的三项化学性质,分析湿度对于纸张老化过程中化学性质的影响。

6.2.3.1　纸张酸碱度

纸张酸碱度是影响纸张耐久性的一项最为关键的因素,纸张的老化过程往往同步伴随着酸化过程。由于纤维素在酸性条件下容易发生酸性降解,酸性越强,纸张的酸化老化速度越快,因此耐久性纸张一般需要保持弱碱性的状态,以延缓自身老化过程中酸性物质的积累,并抵抗大气环境中酸性气体的侵蚀。本实验中,采用纸张的冷抽提pH值来表征纸张的酸碱度信息。

如图6-5所示,五种纸样经过老化之后的pH值都有一定程度的下降,其中下降幅度最大的是新闻纸,平均降幅在1.1左右,这跟新闻纸偏高的pH值以及其较高的木质素含量有关。pH值降幅最小的是宣纸,平均降幅仅为0.4,宣纸的这一特性主要得益于其传统的碱法造纸工艺使纸张当中保留有一定量的碳酸钙,能够中和老化过程中产生的酸性物质,延缓纸张的酸化老化进程。

不同相对湿度对于五种纸样老化过程的影响也显示在图6-5中,老化湿度从30%上升到60%,五种纸样整体的pH值呈缓慢下降的趋势,表明湿度的升高对于纸张的酸化进程有一定的促进作用。纸张的酸化老化过程包含一系列非常复杂的化学反应过程,包括木质素、半纤维素和纤维素的降解过程,这些反应过程大都需要水分的参与,以充当反应的介质和离子交换的媒介,较高的湿度有利于提高这类反应的化学活性。而且水分的存在还会促进酸性物质的积累,在纸张内部形成酸性环境,进一步促进纸张的酸化老化。因此从提高纸张耐久性能的角度来看,较低的湿度能够抑制纸张内部酸化老化反应的活性,延缓纸张老化反应的进程。

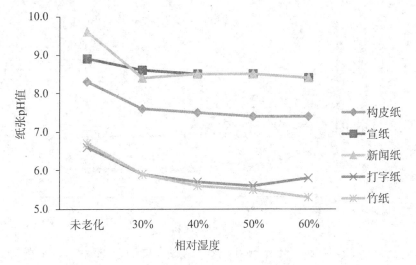

图 6-5　相对湿度对老化后纸张 pH 值的影响

6.2.3.2　纸张纤维聚合度

纸张纤维聚合度反映了纸张内部纤维素分子链的长短,在保存过程当中,由于纸张内部的酸化老化反应造成纤维素的降解,使纤维聚合度持续降低,当纤维聚合度降低到 200 以下时,纸张便基本失去物理强度,出现明显的脆化、粉化等现象。纸张纤维聚合度通过测定纸浆的黏度换算得出,通过分析老化前后纤维聚合度,可以直接反映纸张内部纤维素老化降解的情况。

由于新闻纸的木质素含量较高,无法采用铜乙二胺法进行纸浆黏度的测定,本实验只测定了构皮纸、宣纸、打字纸和竹纸四种纸样老化前后的聚合度。如图 6-6 所示,原纸聚合度由大到小依次为:构皮纸＞竹纸＞打字纸＞宣纸,其中构皮纸聚合度高达 2586,宣纸的初始聚合度最低,仅为651。经过老化之后,纸张纤维的聚合度都发生明显下降,且高聚合度的纸样在老化后的降幅也较大,同等情况的老化过程对于较高初始聚合度值的纸张影响更为明显。

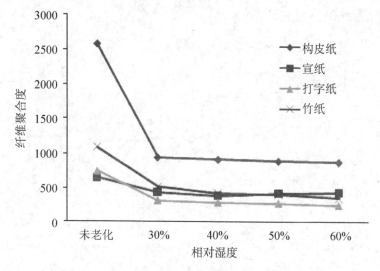

图6-6　相对湿度对老化后纸张纤维聚合度的影响

　　而相对湿度在老化过程中对于纸张纤维聚合度的影响曲线比较平缓,如图6-6所示,相对湿度从30%上升到60%,四种纸样的纤维聚合度均出现了轻微的下降,当然这一结果与本实验老化时间较短有关。即便如此,也可看出当湿度升高时纤维素的降解程度会增强,纸张内部纤维的聚合度降低,而较低的湿度则有利于抑制纸张内部纤维的降解。

6.2.3.3　纸张铜价

　　纸张的铜价表示纸张内部水解纤维素和氧化纤维素还原金属离子到低价态的能力,间接反映纸张内部纤维降解后生产还原性末端基的量,因此常用来表征纸张的老化程度。五种纸样在老化前后的铜价如图6-7所示。

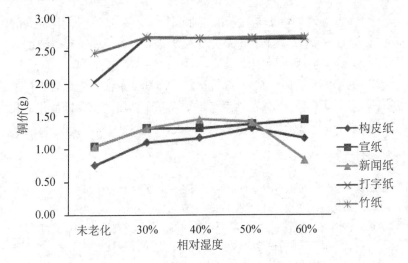

图 6 – 7　相对湿度对老化后纸张铜价的影响

五种纸样在老化前铜价的大小顺序为竹纸 > 打字纸 > 宣纸 > 新闻纸 > 构皮纸,其中竹纸跟打字纸的初始铜价明显高于其他三种纸样,新闻纸由于 pH 值较高,初始铜价反而较低。老化之后五种纸样的铜价都出现明显的上升,其中上升幅度较大的是易老化的打字纸,其他纸样上升的幅度都比较接近。

不同相对湿度条件下老化后纸张的铜价变化曲线如图 6 – 7 所示,随着湿度的上升,大部分纸样的铜价都缓慢提升,说明较高的湿度有利于纸张内部纤维的氧化和水解反应进行,能够生成更多的还原性末端基。唯一的不同是新闻纸在 60% 相对湿度下老化后铜价反而降低,这可能是实验误差造成的。

6.3　结论

本实验通过分析五种纸样在 30%—60% 的相对湿度条件下老化前后的理化性能,得出以下研究结论:

（1）在低湿度环境下老化后的纸张，其白度、抗张强度、耐折度、酸碱度、聚合度和铜价都优于高湿度环境下老化的纸张，仅有撕裂度在中湿度老化环境下降幅更小。

（2）据本实验的研究结果，综合比较不同湿度条件下老化后纸样的各项理化指标，30%—40%的相对湿度更有利于抑制纸张内部酸化老化反应的活性，维持纸张更好的耐久性能，适宜于纸质文献的长期保存。

参考文献

[1] 王欢欢,程爱民,王治涛,等.甘肃武威博物馆馆藏大藏经用纸的相关工艺研究[J].中国造纸学报,2014,29(2):33－37.

[2] 李景仁.对纸质文献储藏适宜温湿度的探讨[J].图书馆建设,1994(3):25－27.

[3] 巽三彩,等.纸质文物的修复与维护[M].台北:云林科技大学文化资产维护研究所,2000:18.

[4] 刘家真.文献遗产保护[M].北京:高等教育出版社,2005:58.

[5] 石淑兰,何望福.制浆造纸分析与检测[M].北京:中国轻工业出版社,2004:127－128.

[6] 卢雪梅,任秋婷,高培基.关于返黄和返黄抑制效果评价方法的讨论[J].中国造纸学报,1998,13(S1):83－86.

[7] 刘江浩,高少红,等.环境湿度对纸张含水量及纸张力学性能的影响[J].北京印刷学院学报,2013,21(4):5－8.

[8] 刘家真.古籍保护原理与方法[M].北京:国家图书馆出版社,2015,117.

[9] 巽可桢.相对湿度变化对老化纸张耐折度的影响[J].东南文化,1995,107(1):107－110.

[10] 石淑兰,何望福.制浆造纸分析与检测[M].北京:中国轻工业出版社,2004:184.

[11] 卢谦和.造纸原理与工程[M].北京:中国轻工业出版社,2004:420.

[12] 周耀林.温湿度对纸张酸碱度的影响[J].浙江档案,1995,33(8):44.

[13] 张慧,陈步荣,朱庆贵.传统氧化去污材料对纸张纤维纤维素聚合度的影响[J].中国造纸,2014,33(2):30.

[14] 姚林,王静波.关于造纸干热加速老化方法的研究[J].中国造纸,1987(2):33－38.

7　干热加速老化研究

纸质文献的保存与保护是图书馆、档案馆和博物馆等纸质文献收藏单位的一项重要工作。纸张素有纸寿千年之说,但是仅目前来看,国家图书馆现存最早有确切纪年的纸质文献是公元 417 年的《律藏初分》,距今已有约 1600 年的历史,纸张的寿命已远超 1000 年。但是也有很多珍贵文献随着保存时间的延长,出现了纸张泛黄、易折断或裂为碎片等机械强度下降的现象。为了研究不同纸张寿命各异的原因,需要采用模拟老化方法来对纸张的老化特性进行研究。目前常用的聚合物模拟老化方法有:紫外光加速老化、热老化、水解老化等。目前,纸质文献收藏单位为了延长文献寿命对珍贵文献已经实施了减少光老化和避免水解老化的措施,为了更好地模拟在良好保存状态下纸张的老化情况,本研究采用干热老化的方式进行研究。为了研究不同纸张的寿命及其在老化过程中光学、机械、化学性能的差异性,本文进行了一系列的纸张老化实验,并对老化过程中纸张的白度和机械强度(抗张强度、撕裂度、耐折度)进行了检测和分析。为了进一步探究老化过程中纸张白度和机械性能变化的内在原因,分析了不同老化时间纸张的化学性能(冷抽提 pH 值、黏度和铜价)。

7.1　研究方法

7.1.1　纸样及处理

实验采用五种类型的纸张,分别为竹纸、宣纸、新闻纸、字典纸和构皮纸。根据老化箱的横截面面积,将纸张裁成约 30cm × 25cm 的长方形,裁纸的过程中保持纸张的正反面和纵横向一致,并进行标记。

将上述五种纸样分别平均分为 11 份,用长尾夹夹好,并做好标记。

7.1.2　仪器

仪器设备包括:老化箱(美国 Mast 公司)、Elrepho 分光白度仪(美国 Datacolor 公司)、Elmendorf 撕裂度仪(美国 TMI 公司)、卧式拉力机(美国 TMI 公司)、耐折度仪(美国 TMI 公司)、Sartorius AG pH 计(美国赛得利斯公司)、NDJ 旋转黏度计(上海平轩科学仪器有限公司)。

7.1.3　加速老化方法

从上述五种纸样中各取 10 份,按照纸张种类分别放置于 105℃ 老化箱的不同隔板层进行老化实验。为保证老化效果的均匀性,每周调整两次纸样的放置位置,调整时,将不同的纸样和同种纸样的不同份按照由上往下的顺序依次进行调整。在不同的老化时间点将五种纸样分别取出一份,每次均取最上面的一份。根据 GB/T 464—2008《纸和纸板的干热加速老化》,在温度为 105 ±2℃ 的环境中连续老化。老化时间以 72h 为一个单元,纸样老化时间分别为 1、4、10、20、40、60、70、80、90、100 个老化单元。同时,保存一份未老化的平行样,于避光处保存。

7.1.4　老化时间对纸张性能的影响

分别检测不同老化时间纸样的白度、抗张强度、撕裂度、耐折度、冷抽提 pH 值、粘度和铜价。检测方法分别依据国标 GB/T 7974—2013、GB/T 12914—2008、GB/T 455—2002、GB/T 457—2008、GB/T 1545—2008、GB/T 1548—2004 和 GB/T 5400—1998。

7.2　结果与讨论

7.2.1　白度

纸张老化的宏观表现是颜色变黄(泛黄),随着老化程度的加深,颜色可能逐渐加深。纸张的泛黄程度可以通过纸张白度的检测来判断。因此,白度是一项表征纸张老化程度的直观指标。在老化过程中纸张白度的变化如图7-1所示。

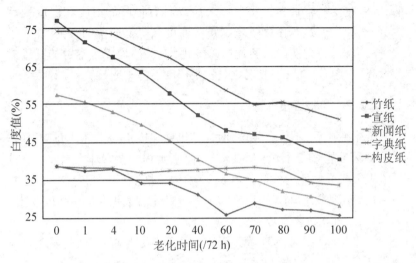

图7-1 老化时间对纸张白度的影响

从图7-1可以看出,字典纸和宣纸的白度较高,达到了75%左右,新闻纸白度居中,为57.50%,竹纸和构皮纸的白度较低(约为38%)。随着老化时间的延长,五种纸张的白度都存在不同程度的下降。其中,宣纸和新闻纸的白度下降最快,经过40个老化单元时,白度已分别下降32.29%,29.67%,经过70个老化单元,白度分别下降38.86%和39.04%。字典纸和竹纸白度呈中等下降幅度,70个老化单元后,白度下降25%左右。构皮纸白度稳定性较好,经过80个老化单元,白度仅有2.84%的下降率,90个老化单元后才开始明显下降(下降率为11.26%)。

纸张的白度和白度稳定性与纤维素含量、木质素含量/结构及制浆漂白方式均有密切关系。纸张白度下降的最主要原因是纸张内木素含有的羰基或者羧基及其共轭双键结构的生色基团及助色基团的变化。新闻纸为磨木浆纸,木素的含量高,老化过程中白度下降显著。宣纸由于初始白度高,且采用传统的制浆漂白方式,木素含量相对较高,因此白度下降明显。竹纸木素含量也较高但是由于初始白度较低,所以白度降幅居中。字典纸之所以具有很高的白度和白度稳定性,可能和生产过程中为了增加不透明度和降低透背的程度,加入了大量的填料(多为钛白粉和优质碳酸钙)有关。构皮纸本身的纤维素含量高,木素含量低,因此老化过程中白度下降不明显。

7.2.2 机械强度

纸张变质后,不仅会泛黄,而且其机械强度也会下降,随着下降程度的加深可能直接导致纸质文献碎片化、破损乃至毁坏。因此本文选用体现纸张受拉能力的抗张强度、反映纸张抵抗反复折叠能力的耐折度和代表纸张韧性的撕裂度来表征经过老化后纸张的机械强度变化。

7.2.2.1 抗张强度

抗张强度是表征纸张物理强度的一个重要指标,是表征纸张老化的一个重要因素。老化过程中纸张的抗张强度的变化如图 7-2 所示。从图 7-2 可以看出,不同纸张抗张强度的大小顺序为:新闻纸 > 宣纸 > 字典纸 > 构皮纸 > 竹纸。在老化的初期阶段(四个老化单位以内),上述五种纸张的抗张强度均略有增加;而后随老化时间的延长抗张强度均呈下降趋势;在 90 个老化单元后,五种纸张的抗张强度均趋于稳定。不同纸张抗张强度的稳定性(以强度数值下降百分比计)顺序为:新闻纸 > 宣纸 > 竹纸 > 构皮纸 > 字典纸。影响抗张强度最重要的因素是纤维之间的结合力及纤维自身的强度,而纤维长度不是最重要的。增加打浆度和湿压榨将增加纤维结合,加入纸的增强剂(干强剂和湿强剂)也会使纸的抗张强度大幅增加。机械纸(新闻纸和字典纸)之所以具有比手工纸(宣纸、构皮纸和竹纸)高的抗张强度可能是生产过程中加入了增强剂,但是机械纸的抗张强度稳定性较手工纸差(新闻纸之所以抗张强度稳定性高是由于初始值高,所以相对下降比例低,但是下降绝对值高达 0.50kN/m)。这可能是由于纸张增强剂在老化过程中变质失效所致。

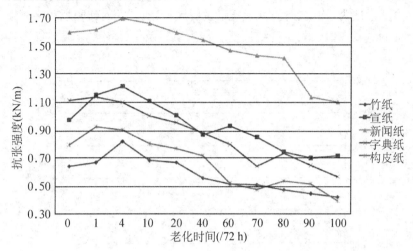

图 7 - 2　干热老化时间对纸张抗张强度的影响

7.2.2.2　撕裂度

撕裂度为将预先切口的纸(或纸板),撕至一定长度所需力的平均值。在国家标准 GB/T 24423—2009《信息与文献　文献用纸　耐久性要求》和 GB/T 24422—2009《信息与文献　档案纸　耐久性和耐用性要求》中,都将撕裂度列为纸张物理强度的表征指标。老化过程中纸张的撕裂度的变化如图 7 - 3 所示。

从图 7 - 3 可以看出,不同纸张撕裂度的大小顺序为:构皮纸 > 新闻纸 > 宣纸 > 字典纸 > 竹纸,随着老化时间的延长,五种纸张的撕裂度均呈明显的下降趋势。在 60 个老化单元之后,撕裂度的下降趋势变缓,而在 90 个老化单元之后,撕裂度基本不再变化,这表明已经接近纸张的寿命终点。撕裂度的耐老化稳定性为:新闻纸最好,字典纸最差,构皮纸、宣纸和竹纸类似。深入分析可以发现,虽然撕裂度稳定性规律类似,但是由于初始值的较大差异,构皮纸(111.71kN)和宣纸(79.98kN)经过 100 个老化单元后仍具有远高于竹纸(25.57kN)的撕裂度。这是因为纸或纸板被撕裂时,需要把纤维从样品中拉出或者要把纤维撕断,因此,纤维长度是影响撕裂度的重要因素。而纤维素长度的顺序为:构皮 > 青檀皮(宣纸主要原料) > 竹。而新闻纸和字典纸的撕裂度数值较大与造纸过程中加入填料及干强剂和湿强剂等因素有关。

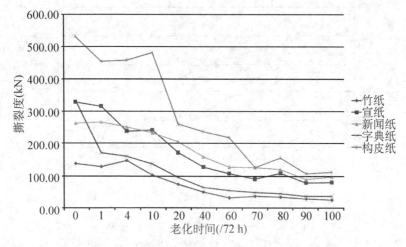

图 7 - 3　干热老化时间对纸张撕裂度的影响

7.2.2.3　耐折度

耐折度是在标准张力条件下,试样断裂时的双折叠次数的对数(以 10 为底)。耐折度经常被用于表征纸张的寿命,但是在实际工作中,由于有些纸张,特别是薄的手工纸的耐折次数很低,很难检测,因此,其应用受到很大制约。本项目中,为能够尽可能多地检测出各种纸张之间耐折性能的差别,弹簧的张力采用 2.94N。老化过程中纸张的耐折度的变化如图 7 - 4 所示。

从图 7 - 4 可以看出,不同纸张的耐折度大小顺序为:构皮纸 > 新闻纸 ≈ 字典纸 > 竹纸 > 宣纸。在初始老化阶段(四个老化单元),构皮纸、竹纸和宣纸的耐折度变化很小,而新闻纸和字典纸的耐折度急速下降;之后,新闻纸的耐折度缓慢下降,其他四种纸的下降速度较快。而竹纸在老化 70 个老化单元之后、宣纸在老化 80 个老化单元之后、字典纸老化 80 个老化单元之后,其耐折度在 2.94N 的弹簧张力下也没有测到数值。由此可见经过上述老化单元后对应纸种的耐折性已经非常差。纸的耐折能力主要受纤维自身强度、柔韧性、纤维长度及纤维结合力的影响,与抗张强度相比,耐折度受纤维长度的影响更大,纸的柔韧性对耐折度的影响也很大。

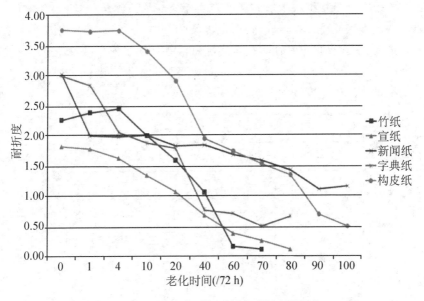

图 7 - 4　干热老化时间对纸张耐折度的影响

综上所述,新闻纸具有最大的抗张强度和机械强度稳定性;构皮纸具有最好的耐撕裂和耐折性能,且具有较好的稳定性;字典纸初始机械性能较好,但是稳定性较差;宣纸具有中等抗张和耐撕裂能力,稳定性一般,耐折能力略差;竹纸的机械性能相比其他纸种较差。四个老化单元以内,各种纸张的机械性能均变化不大,之后开始大幅下降,初始机械强度对纸张的耐用性影响很大。

7.2.3　化学性能

不同纸张之所以具有不同的白度和机械性能稳定性跟构成纸张

的纤维素状态密切相关,在纸张的老化过程中,纤维素发生水解会引起纤维素链变短,纤维素长链的断裂会引起纸张的机械强度下降。纤维素随着老化时间的延长,也可能逐步缓慢的氧化而失去原来的白度和韧性。因此,本部分通过检测纸张的聚合度和铜价分别表征了不同老化时间纸张中纤维素的链长和还原性末端基数量,结果见图7-5。

聚合度是指纸张中组成纤维素的葡萄糖基的数量。因此,聚合度可表征纸张纤维长度,是纸张老化程度的重要指标。因新闻纸为磨木浆纸,其木素含量过高使得聚合度测试结果无法真实反映纤维素的聚合度,因此该部分不讨论新闻纸的聚合度变化情况。老化过程中其他四种纸张的聚合度变化如图7-5所示。

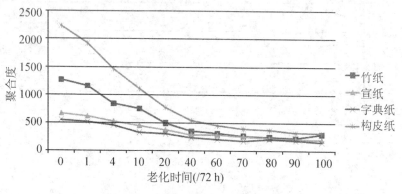

图7-5　干热老化时间对纸张聚合度的影响

从图7-5可以看出,四种纸的聚合度大小顺序为:构皮纸>竹纸>宣纸>字典纸,构皮纸的原始聚合度在2200左右,在前40个老化单元内,聚合度迅速降低到500,随后缓慢下降至400左右。竹纸的原始聚合度在1300左右,在前40个老化单元内,聚合度迅速降低到350,随后缓慢下降到300左右。宣纸和字典纸的聚合度下降比较缓慢,老化80个老化单元后变化更小,最低值在150—200之间,此时纸张已严重脆化。这表明在老化过程中构成纸张的纤维素不断发生水解,链长逐渐变短;并且初始纤维素链越长的纸种纤维素水解速度越快,40个老化单元后所有纸张的纤维素链长均已较短,之后缓慢水解。构皮纸的纤维素聚合度最高,这与其最高的撕裂度和耐折度一致。

纸浆的铜价是指100g绝干纸浆纤维,在碱性介质中,于100℃时将硫酸铜还原为氧化亚铜的克数。铜价可以确定水解纤维素或氧化纤维素还原某些金属离子到低价状态的能力,所以纸浆铜价可以用来检查纤维素的降解程度、变质程度以及估算还原基的量。老化过程中五种纸张的铜价变化如图7-6所示。

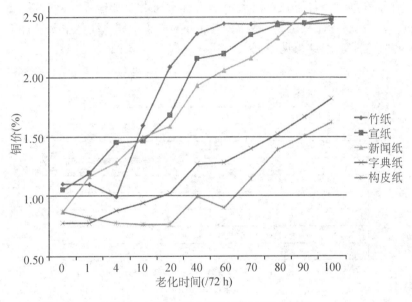

图7-6　干热老化时间对纸张铜价的影响

从图7-6可以看出,铜价的大小顺序为:构皮纸＜字典纸＜新闻纸＜宣纸＜竹纸。在老化的过程中,五种纸张的铜价均呈上升趋势,在0至4个老化单元内,上升较为缓慢,这表明在四个老化单元以内,纤维素的水解和氧化速率较慢,这与该阶段内较慢的机械强度下降水平一致;在4至40个老化单元内,铜价迅速升高,这表明在该阶段纤维素迅速水解和氧化导致纤维素长链断裂、纸张的机械强度快速下降;然后上升速度变缓,到 90 个老化单元之后,基本平稳,此时纤维素的水解/氧化程度很高,纸张的白度和机械强度均已处于较低水平。

综上所述,纸张的种类对其白度和机械性能存在决定性的影响,珍贵纸质文献优先要采用耐老化的纸张制作;对于同种纸张,纤维素的水解和氧化对于其机械强度的下降起到了至关重要的作用。因此,在纸质文献的保存保护过程中,如果要延长纸张的寿命,必须减缓纤维素的水解和氧化速率。由于纤维素在中性和弱碱性条件下比较稳定,而在酸性条件下较易被水解,所以纸张酸化是加速纤维素水解、纸张老化的一个重要因素。因此,本部分检测了不同纸张的 pH 值随老化时间的变化,结果见图 7 – 7。

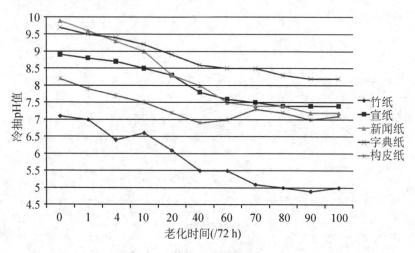

图 7 – 7　干热老化时间对纸张冷抽提 pH 值的影响

从图 7 – 7 可以看出,五种纸张的初始 pH 值均高于 7,随着老化时间的延长,所有纸张的 pH 值均呈下降趋势,但是下降速率不一:字典纸的冷抽提 pH 值均在 8.0 以上,新闻纸的冷抽提 pH 值一直在 7.0 以上,这与目前的制浆造纸工艺有关,字典纸和新闻纸均采用大量的碳酸钙等物质作为填料,使得纸具有较高的碱保留量,并且字典纸采用碱性施胶工艺,所有他们都具有较高的 pH 值,且稳定性较好;宣纸的冷抽提 pH 值呈缓慢下降趋势,且最低值约在 7.4 左右,这主要得益于宣纸的碱法制浆工艺;构皮纸的初始冷抽提 pH 值在 8.2 左右,老化过程中,冷抽 pH 值下降缓慢,老化后的最低数值基本在 7.0 左右,说明构皮纸的抗老化性能良好;竹纸冷抽提 pH 值较低,老化过程中的下降也非常明显,20 个老化单元后,pH 降至 6 左右,这将会加速纸张的老化,为这五种纸张中最不抗老化的纸,这可能与其较高的木质素含量有关。

7.3   结论

(1)新闻纸具有最大的抗张强度和机械强度稳定性;构皮纸具有最好的耐撕裂和耐折性能,且具有较好的稳定性;字典纸初始机械性能较好,但是稳定性较差;宣纸具有中等抗张和耐撕裂能力,稳定性一般,耐折能力略差;竹纸的机械性能相比其他纸种较差。

(2)四个老化单元以内,各种纸张的机械性能均变化不大,之后开始大幅下降,初始机械强度对纸张的耐用性影响很大。

(3)纤维素的水解/氧化与纸张机械强度下降关系密切。

(4)竹纸 pH 值稳定性较差,长期保存时需要防止其酸化加速纸质文献老化。

参考文献

[1]田周玲,龙堃,易晓辉,等.保存环境对纸张性能的影响研究[J].中华纸业,
    2016,37(14):31.

[2]申文伟,宋伟,王国利,等.复合绝缘子 HTV 硅橡胶材料老化特性的研究[J].
    高压电器,2013,49(2):1.

[3]原思训,张晓梅.利用 X 射线衍射光谱研究丝织品的老化[J].光谱学与光谱
    分析,2010,30(1):262.

[4]谭忆秋,王佳妮,冯中良,等.沥青结合料紫外老化机理[J].中国公路学报,
    2008,21(1):19.

[5]尹慧道,王义翠,操江山,等.纸张加速光老化与白度值相关性分析[J].档案学通讯,2005(1):63.

[6]瞿耀良.国产书写纸的热老化试验[J].中国造纸,1984(5):59.

[7]董杨,谢朋,郭英民.纸张被溶液浸泡老化的变化规律研究[J].中国司法鉴定,2013,66(1):7.

[8]刘家真.古籍保护原理与方法[M].北京:国家图书馆出版社,2015:4.

[9]王心琴.浅析纸张老化的原因[J].档案与建设,1997(9):33.

[10]薛顺兰,贾国雁.P、M填料提高字典纸不透明度的实验[J].造纸化学品,2007,19(2):39.

[11]张清志.文献纸张的自然老化及其研究[J].档案学研究,1998(2):60.

[12]石淑兰,何望福,张曾,等.制浆造纸分析与检测[M].北京:中国轻工业出版社,2003:177.

[13]刘全校,詹怀宇,张长彪,等.影响碱性纸张老化的因素[J].纸和造纸,2003(1):21.

[14]张慧,陈步荣,朱庆贵.传统氧化去污材料对纸张纤维纤维素聚合度的影响[J].中国造纸,2014,33(2):30.

[15]孙礼春,王景翰.纸张的老化及检验[J].江苏警官学院学报,2005,20(2):171.

8   纸张加速老化中结晶度研究

纤维素是由许多纤维素大分子链组成,纤维素大分子链上的羟基通过氢键作用形成具有结晶结构的纤维素,这就是说纤维素具有一定的聚集态结构,即纤维素像其他结晶性高分子一样存在结晶区和非晶区的结构,也称纤维素的聚集态结构,即超分子结构,指纤维素分子间的排列情况,主要包括结晶结构(晶区和非晶区、晶胞大小及形式、分子链在晶胞内的堆砌方式、微晶的大小)、取向结构和原纤结构。

纤维素的聚集态结构,可以用一种“缨状微束”模型来描述,即一条纤维素分子链可以经过若干个不同的结晶区和无定形区。根据X – 射线的研究,纤维素结晶区的分子排练比较整齐、有规则,呈现清晰的X – 射线图,而无定形区的分子排列不整齐、较松弛,但其取向大致与纤维轴平行。从结晶区到无定形区是逐步过渡的,无明显界限。在结晶区内,氢键使链状纤维素分子排列成很有次序的结构,链间氢键键能高,分子间结合力强,故结晶区对纤维素的性能(如强度、熔点等)贡献大,密度也较大,结晶区纤维素的密度为 $1.588 \mathrm{g/cm}^3$;在非结晶区,纤维素分子链排列不整齐、较松弛,纤维素分子链分隔的更开一些,因此分子间距离较大,密度较低,无定形区的密度为 $1.500 \mathrm{g/cm}^3$,且分子间氢键结合数量少,故非晶区对纤维素的性能贡献小,但却使得众多游离的羟基更容易同其他分子以氢键结合,表现出异常的亲水性。

X射线衍射法测定结晶度是研究植物纤维素超微特性的一种重要手段,是测定纤维素结晶度以及取向度的最直接的方法。利用 XRD 研究纤维素的结晶结构时,是根据衍射的最强点的强度和位置,测出纤维素纤维晶体分子链中的晶胞大小和结晶度等。所得结晶度取决于数据处理的方法以及样品的纯度,不同计算方法,所得结晶度也有所差别。本实验采用用 Segal 等人提出的经验结晶指数 CrI,可用来表示天然纤维素的结晶程度。

$$结晶度 = \frac{I_{002} - I_{am}}{I_{002}} \times 100\%$$

式中：I_{002}—002 面的最大衍射强度，Iam—$2\theta = 18°$时衍射强度，即无定形区的衍射强度。

8.1 干热老化 XRD 数据结果及分析

8.1.1 竹纸干热 XRD 数据结果及分析

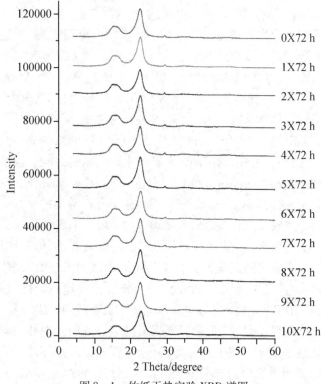

图 8-1 竹纸干热实验 XRD 谱图

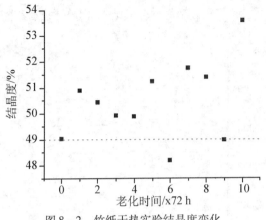

图 8 - 2　竹纸干热实验结晶度变化

由图 8 - 1、图 8 - 2 可以看出经过不同时间老化后,竹纸的 XRD 出峰位置基本一致,这表明竹纸中纤维素的晶型没有发生改变;同时可以看出老化后竹纸的结晶度大体呈上升趋势,这可能是由于在老化过程中竹纸无定形区的纤维素先被降解造成。

8.1.2　宣纸干热老化 XRD 数据结果及分析

由图 8 - 3、图 8 - 4 可以看出,老化后宣纸的 XRD 出峰位置基本没有发生改变,这表明老化过程中宣纸纤维素的晶型没有发生改变;结晶度随老化时间的延长变化无明显的规律性,但是宣纸的聚合度随着老化时间延长而下降,这表明宣纸纤维素无定形区纤维素的降解速率较结晶区无明显优势。

8.1.3　新闻纸干热老化 XRD 数据结果及分析

由图 8 - 5、图 8 - 6 可以看出,老化后新闻纸的出峰位置无明显改变,这表明老化过程中新闻纸纤维素的晶型没有发生改变;此外,除了 002 峰和无定形纤维素的 XRD 衍射峰之外,在 12.6°、25.0°、29.5° 还有三个峰出现,这是 $CaCO_3$、硅酸盐等纸页添加剂的峰。老化后新闻纸的结晶度变化无明显规律,但是多数有所下降,出现该现象的机理尚不明确,可能和新闻纸生产过程中添加了一些碱性填料有关(推测是在碱性高温条件下引起一部分结晶纤维素结晶,但是还没有查到相关依据)。

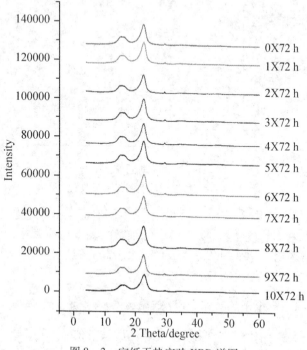

图 8 - 3　宣纸干热实验 XRD 谱图

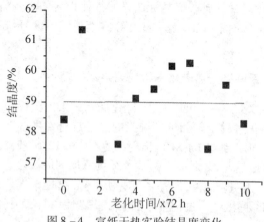

图 8 - 4　宣纸干热实验结晶度变化

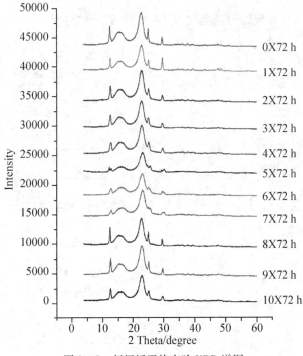

图 8 - 5　新闻纸干热实验 XRD 谱图

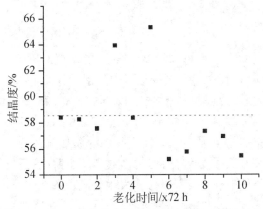

图 8 - 6　新闻纸干热实验结晶度随老化时间的变化

8.1.4 字典纸干热老化 XRD 数据结果及分析

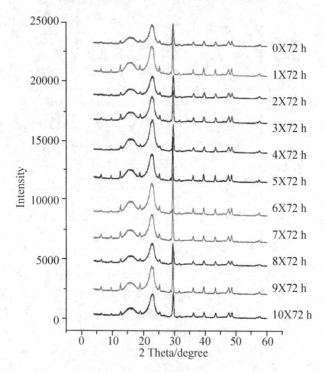

图 8 - 7   打字纸干热实验 XRD 谱图

由图 8 - 7、图 8 - 8 可以看出,老化后打字纸的出峰位置无明显改变,这表明老化过程中打字纸纤维素的晶型没有发生改变;此外,除了002 峰和无定形纤维素的峰之外,12.6°、18.9°、25.2°、29.5°、31.6°、36.1°、39.5°、43.4°、47.7°、48.6° 等处也有峰出现,这应该也是打字纸抄造过程中添加的增强剂、填料、施胶剂等添加剂的峰。老化后打字纸的结晶度变化无明显规律,但是多数有所下降,这可能是也是因为在碱性高温条件下一些结晶纤维素发生解晶现象造成。

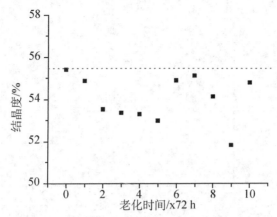

图 8 - 8　打字纸干热实验结晶度随老化时间的变化

8.1.5　构皮纸干热老化 XRD 数据结果及分析

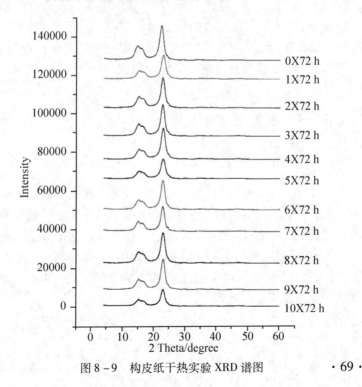

图 8 - 9　构皮纸干热实验 XRD 谱图

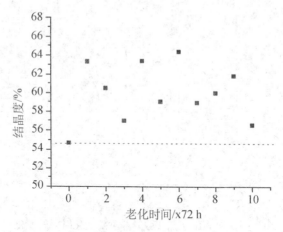

图 8 - 10　构皮纸干热实验结晶度随老化时间的变化

由图 8 - 9、图 8 - 10 可以看出,老化后构皮纸的出峰位置和峰形无明显改变,这表明老化过程中构皮纸纤维素的晶型没有发生改变;老化后构皮纸的结晶度变化无明显规律,但是均较老化前增加,这可能也是由于无定形纤维素降解速率较快造成。

8.2　湿热老化 XRD 结果及数据分析

8.2.1　构皮纸湿热老化 XRD 结果及数据分析

由图 8 - 11、图 8 - 12 可以看出,湿热老化后构皮纸的出峰位置和峰形无明显改变,这表明湿热老化过程中构皮纸纤维素的晶型没有发生改变;湿热老化后构皮纸的结晶度上升,这可能也是由于无定形纤维素降解速率较快造成;进一步分析发现 50%—60% 相对湿度下结晶度上升幅度大于 30%—40%,这表明较高的湿度会促进构皮纸无定形纤维素的降解反应。

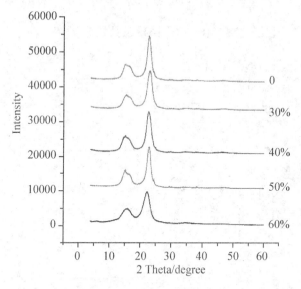

图 8 - 11 不同相对湿度下老化实验构皮纸的 XRD 谱图

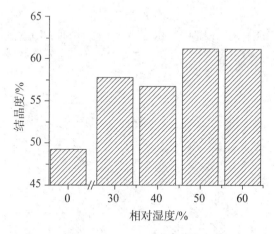

图 8 - 12 不同相对湿度下老化实验构皮纸的结晶度变化

8.2.2 宣纸湿热老化 XRD 结果及数据分析

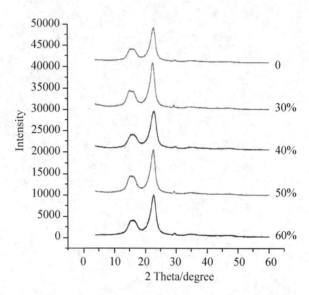

图 8 - 13 不同相对湿度下老化实验宣纸的 XRD 谱图

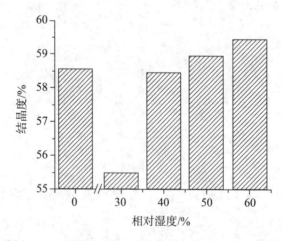

图 8 - 14 不同相对湿度下老化实验宣纸的结晶度变化

由图 8 – 13、图 8 – 14 可以看出,湿热老化后宣纸的 XRD 出峰位置基本也没有发生改变,这表明湿热老化过程中宣纸纤维素的晶型没有发生改变;不同相对湿度的老化对结晶度影响不同,30% 湿度下老化后宣纸的结晶度下降,而 40%—60% 湿度条件下老化后宣纸的结晶度没有明显变化。这表明湿度对于纤维素降解速率和/或结晶结构具有影响,30% 湿度条件下结晶纤维素部分发生解晶和/或结晶纤维素的降解速率快于无定形纤维素,具体原因还需进一步深入探索。

8.2.3　新闻纸湿热老化 XRD 结果及数据分析

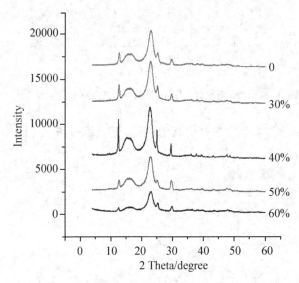

图 8 – 15　不同相对湿度下老化实验新闻纸的 XRD 谱图

由图 8 – 15、图 8 – 16 可以看出,与干热老化结果类似,湿热老化后新闻纸的出峰位置无明显改变,这表明湿热老化过程中新闻纸纤维素的晶型没有发生改变;此外,除了 002 峰和无定形纤维素的 XRD 衍射峰之外,在 $12.6°$、$25.0°$、$29.5°$ 还有三个峰出现,这是 $CaCO_3$、硅酸盐等纸页添加剂的峰。湿热老化后新闻纸的结晶度下降,随相对湿度变化的规律不明显,结晶度下降可能和新闻纸生产过程中添加了一些碱性填料有关(推测是在碱性高温条件下引起一部分结晶纤维素结晶,但是还没有查到相关依据)。

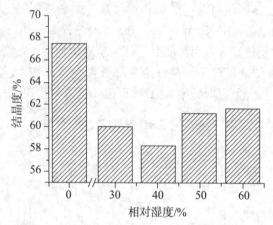

图 8 – 16　不同相对湿度下老化实验新闻纸的结晶度变化

8.2.4　打字纸湿热老化 XRD 结果及数据分析

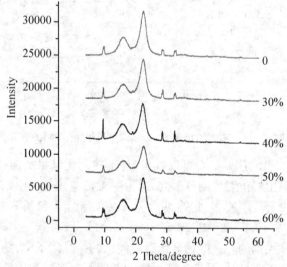

图 8 – 17　不同相对湿度下老化实验打字纸的 XRD 谱图

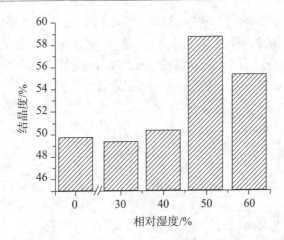

图 8 - 18　不同相对湿度下老化实验打字纸的结晶度变化

由图 8 - 17、图 8 - 18 可以看出，湿热老化后打字纸的出峰位置无明显改变，这表明湿热老化过程中打字纸纤维素的晶型没有发生改变；30%—40% 湿度下老化后打字纸的结晶度几乎没有改变，而50%—60% 湿度条件下老化后宣纸的结晶度提高。这可能是因为30%—40% 湿度下老化时打字纸无定形和结晶纤维素的降解速率相当，而在更高湿度条件下无定形纤维素的降解速率高于结晶纤维素导致结晶度上升。此外，除了 002 峰和无定形纤维素的峰之外，在 9.7°、28.6°、33.0° 还有三个峰出现，这些峰的位置与新闻纸和字典纸中添加剂的 XRD 衍射峰位置完全不同，这表明打字纸抄造时所用的添加剂不同于上述两种纸。而打字纸湿热老化后结晶度上升、新闻纸和字典纸下降，因此我们更有理由推测机制纸湿热老化后结晶度的变化与纸张添加剂有关，内在机理尚需进一步深入研究。

8.2.5　竹纸湿热老化 XRD 结果及数据分析

由图 8 - 19、图 8 - 20 可以看出，湿热老化后竹纸的 XRD 出峰位置基本也没有发生改变，这表明湿热老化过程中竹纸纤维素的晶型没有发生改变；与宣纸类似，不同相对湿度的老化对竹纸结晶度影响不

同:30% 湿度下老化后竹纸的结晶度下降,而 40%—60% 湿度条件下
老化后竹纸的结晶度没有明显变化。这表明 30% 湿度条件下老化后
竹纸结晶纤维素部分发生解晶和/或结晶纤维素的降解速率快于无定
形纤维素,具体原因还需进一步深入探索。

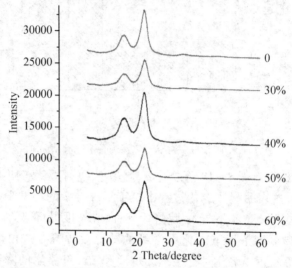

图 8 - 19　不同相对湿度下老化实验竹纸的 XRD 谱图

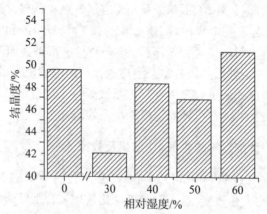

图 8 - 20　不同相对湿度下老化实验竹纸的结晶度变化

参考文献

裴继诚. 植物纤维化学[M]. 北京:中国轻工业出版社,2012.

9 老化过程中各因素的相关性研究

文献保护,特别是古籍保护的根本目的就是最大限度地延长文献的保存寿命。因此根据文献的实际保存状态,有时需要对文献本体进行脱酸和加固等干预处理,有时需要采取特殊的保存条件如充氮封存、抽真空封存等,就国内而言,大多数文献保存单位尚停留在通过控制库房的温湿度、更新装具等措施来达到长期保存文献的目的。随着人们对文献价值认识的不断加深,文献保护已经成为业界的研究热点。近年来,国内外的专家、学者和机构提出了很多新的文献保护方法,具有较好的实用价值,取得了较大成就。然而在基础理论研究方面,业内关注较少。对于文献保存寿命评估等问题尚无权威性的理论支撑。文献保存寿命的评估体系对于文献保护来讲具有重要的理论指导意义。

纸张是古籍等各类文献的载体,文献的保存寿命取决于纸张的保存寿命。因此,研究各类文献,特别是古籍文献的保存寿命实际上就是对文献用纸的保存寿命进行研究。文献用纸的保存寿命,很大程度取决于其耐久性,即文献用纸放置一段相当长的时间之后,其化学稳定性仍然保持着最初的状态,或指纸张能够抵抗本身的杂质破坏和外来因素的侵蚀,保持原有的性能,能够进行使用和长期的保存。文献用纸的保存寿命由内部因素和外部因素共同决定。内部因素包括纸浆的种类和质量、胶料、涂料、酸和金属化合物的含量及纸页中的其他成分等,这些都由制浆造纸过程所决定。外部因素是包括天灾人祸以及文献保存或使用的条件,如温度、相对湿度、光照、空气中的污染程度等。文献产生以后其内因很难进行大的改变,因此延长文献的保存寿命的途径常通常是改善文献的保存条件。

对于纸张的耐久性的评估,存在多种理论。美国文献保护专家布朗曾用耐折度和撕裂度指标来馆藏文献用纸的耐久性进行分类,但是在实际研究中发现纸张的物理指标的重复性和再现性差往往较差,尤其是传统手工纸和早期的机制纸;也有人认为纸张的 pH 值可以表征其寿命,认为如果纸张的 pH 值小于 5,保存 20—50 年就会碎化,pH 值在 7.5—9.5 范围内的纸,预期可保存几百年,但是在近年来的脱酸实际工作中发现 pH 值与纸张的耐久性不具直接相关性,有些纸张 pH 值已在 4.0 左右,却能基本完好,有些 pH 值在 6.0 以上的却严重脆化。国家标准 GB/T 24423—2009《信息与文献 文献用纸 耐久性要求》(修改采用国际标准 ISO 9706:1994 *Information and documentation-Paper for documents-Requirements for permanence*)中,采用撕裂度表征其物理性,采用卡伯值表征抗氧化性,采用碱储量和冷水抽提 pH 值表征其抗酸化性能。在国家标准 GB/T 24422—2009《信息与文献档案纸耐久性和耐用性要求》(修改采用国际标准 ISO11108:1996 *Information and documentation-Archival-Requirements for permanence and durability*)中增加了耐折度用来表征纸张的物理性能。

为了更全面地衡量纸张的保存状态,本项目采用白度、pH 值、抗张强度、耐折度、铜价和黏度等几个理化指标来评价纸张的性能。上述指标中既有表征其物理强度的指标,也有表征其氧化和酸化程度的指标,还有表征其聚合度的指标。为了模拟纸张的自然老化过程,本项目通过干热加速老化实验对纸张进行人工老化处理,按照国家标准 GB/T 464—2008《纸和纸板的干热加速老化》规定,在温度为(105 ± 2)℃的环境中对纸张连续老化。老化时间以 72 小时为 1 个单元,纸样老化时间分别为 1、4、10、20、40、60、70、80、90、100 个老化单元。虽然通过人工加速老化实验测试某一种材料的几项理化性能指标退变率来估测耐久性好坏并不是一项非常精确的实验技术,但多年来许多研究新型材料性能的专家通过对老化仪器和测试方法的改进以及实验数据的累积,已将其纳入国际标准化组织(ISO)认可的指标测试体系。在我国档案图书保护技术的科研论文中,也常以测定同一纸样老化前后机械强度(抗张强度、耐折度、耐破度和撕裂度)、酸度、白度的下降率来判断纸张耐久性好坏,并推算纸张的预期寿命。纸张老化实质上是内部化学成分发生微观分子结构改变,从而导致整体强度改变(脆化甚至粉碎)、色泽改变(泛黄白度下降)和纤维素化学性质改变(铜值增加、黏度减小)的宏观不可逆过程。

为了评估纸张的保存寿命,需要建立纸张的理化指标与老化时间之间的对应关系,其前提是在纸张的众多理化指标中筛选出与老化时间相关程度高的一种或者几种指标,也就是对纸张的理化指标与老化时间进行相关分析。衡量事物之间或称变量之间线性相关程度的强弱,并用适当的统计指标表示出来,这个过程就是相关分析。它是一种测度事物间统计关系强弱的手段与工具,旨在衡量变量之间的线性相关程度的强弱,变量不分主次,处于同等地位,是研究变量间密切程度的一种常用统计方法。

为了能够直观地比较变量间的相关程度,需要引入相关系数的概念。相关系数能够以数字的方式描述变量间的线性相关程度,如果两个变量的变化趋势相同,则它们之间的关系为正线性相关;反之,称为负相关关系。对于有序变量或者连续变量的相关系数 r,其取值范围为 −1— +1,若 r>0,则为正相关;r<0,则为负相关;r=0,则为零相关。r 的绝对值表示两变量之间的线性相关程度,绝对值越接近 1,说明密切程度越高;绝对值越接近 0,说明密切程度越低。在相关分析中,常见的几种相关系数有 Pearson 积矩相关系数、Spearman 等级相关系数和 Kendall 等级相关系数,其中 Pearson 积矩相关系数适用于二元正态分布资料,Spearman 等级相关系数适用于不满足正态分布的资料和等级资料,Kendall 等级相关系数是对两个有序变量或者秩变量之间相关程度的衡量。显而易见,对于本课题中涉及的纸张理化指标和老化时间的相关分析,Spearman 等级相关系数较为适用。Spearman 等级相关系数又称秩相关系数,属于非参数统计方法,其计算公式为

$$r_s = 1 - \frac{6 \sum d_i^2}{n(n^2-1)}$$

其中 r_s 为 Spearman 等级相关系数,取值范围 −1— +1,其绝对值

越大,表明变量间的相关性越强;d 为分别对 X、Y 取秩之后每对观察值的秩之差;n 为所有观察对的个数。

本研究采用 SPSS(Statistical Package for Social Science,社会学统计软件包)对实验数据进行分析。SPSS 与 SAS、SYSTAT 一起被公认为世界三大数据分析软件。SPSS 软件始于 20 世纪 60 年代,专长于数据处理,能够自动统计绘图,对数据进行深入分析,很大程度上取代了传统的手工统计方法,目前已广泛运用于各个领域。SPSS 具备如下突出的特点:

(1)界面友好,输出结果美观漂亮。具有熟悉的 Windows 风格界面,其数据视图也类似 Excel 布局格式。在运用 SPSS 进行统计分析时,只需输入数据,并了解相关统计术语,即可获得所需的统计分析结果。

(2)功能全面。无论对于初学者、熟练者或精通者,SPSS 都比较适用。因其提供了数据获取、数据管理与准备、数据分析、结果报告这样完整的数据分析过程,并系统涵盖了数据分析的整体流程,对于调查方案设计、数据统计分析,以及研究报告中相关图表的制作均有适宜且出众表现。

(3)编程能力强大。对于常用的统计方法,SPSS 软件的大部分操作均可通过菜单和对话框来完成,无须记住繁复的统计过程以及大量的命令、过程和选择项。

(4)数据处理功能强大。SPSS 统计软件包可以直接读取 SPSS、Excel、dBASE、ASCII、Access、Foxpro、SAS 等数据文件;能够对数据进行名称、类型、结构等修改,变量转换方式也十分全面;可以合并不同数据库生成的新数据文件;还能够保存数据库且能实现丰富多样的导出形式。

9.1 研究方法

9.1.1 纸样及处理

实验采用五种类型的纸张,分别为竹纸、宣纸、新闻纸、字典纸和构皮纸。根据老化箱的横截面面积,将纸张裁成约 30cm × 25cm 的长方形,裁纸的过程中保持纸张的正反面和纵横向一致,并进行标记。将上述五种纸样分别平均分为 11 份,用长尾夹夹好,并做好标记。

9.1.2 仪器

仪器设备:老化箱(美国 Mast 公司)、Elrepho 分光白度仪(美国 Datacolor 公司)、Elmendorf 撕裂度仪(美国 TMI 公司)、卧式拉力机(美国 TMI 公司)、耐折度仪(美国 TMI 公司)、Sartorius AG pH 计(美国赛得利斯公司)、NDJ 旋转黏度计(上海平轩科学仪器有限公司)。

9.1.3 加速老化方法

从上述五种纸样中各取十份,按照纸张种类分别放置于老化箱的不同隔板层进行老化实验。为保证老化效果的均匀性,每周调整两次纸样的放置位置,调整时,将不同的纸样和同种纸样的不同份按照由上往下的顺序依次进行调整。在不同的老化时间点将五种纸样分别取出一份,每次均取最上面的一份。根据 GB/T 464—2008《纸和纸板的干热加速老化》,在温度为(105 ± 2)℃的环境中连续老化。老化时间以 72h 为一个单元,纸样老化时间分别为 1、4、10、20、40、60、70、80、90、100 个老化单元。同时,保存一份未老化的平行样,于避光处保存。

9.1.4 纸张主要理化指标的检测

分别检测不同老化时间纸样的白度、抗张强度、撕裂度、耐折度、冷抽 pH 值、黏度和铜价。检测方法分别依据国标 GB/T 7974—2013、

GB/T 12914—2008、GB/T 455—2002、GB/T 457—2008、GB/T 1545—2008、GB/T 1548—2004 和 GB/T 5400—1998。

9.1.5　纸张主要理化指标与老化时间的相关性分析

通过 SPSS(Statistical Product and Service Solutions)软件对纸张主要理化指标与老化时间的相关性分析,操作步骤如下:

(1)运行 SPSS 软件,输入变量,如图 9-1 所示:

	名称	类型	宽度	小数	标签	值	缺失	列	对齐	度量标准	角色
1	老化时间	数值(N)	8	0		无	无	8	靠右	名义(N)	输入
2	白度	数值(N)	8	2		无	无	8	靠右	度量(S)	输入
3	抗张强度	数值(N)	8	2		无	无	8	靠右	度量(S)	输入
4	撕裂度	数值(N)	8	2		无	无	8	靠右	度量(S)	输入
5	耐折度	数值(N)	8	2		无	无	8	靠右	度量(S)	输入
6	冷抽提pH值	数值(N)	8	2		无	无	8	靠右	度量(S)	输入
7	聚合度	数值(N)	8	2		无	无	8	靠右	度量(S)	输入
8	铜价	数值(N)	8	2		无	无	8	靠右	度量(S)	输入

图 9-1

(2)输入相应纸张理化指标与老化时间的数据,如图 9-2 所示:

	老化时间	白度	抗张强度	撕裂度	耐折度	冷抽提pH值	聚合度	铜价
1	0	76.99	.97	327.61	1.83	8.90	669.00	1.06
2	1	71.29	1.15	314.91	1.79	8.80	619.00	1.20
3	4	67.39	1.21	238.10	1.63	8.70	528.00	1.46
4	10	63.49	1.11	242.13	1.35	8.50	453.00	1.47
5	20	57.79	1.01	171.46	1.07	8.30	376.00	1.68
6	40	52.13	.87	127.18	.69	7.60	289.00	2.16
7	60	48.08	.93	107.01	.38	7.60	288.00	2.20
8	70	47.07	.85	90.43	.26	7.50	259.00	2.36
9	80	46.27	.74	108.80	.12	7.40	226.00	2.44
10	90	43.04	.70	79.21	.00	7.40	214.00	2.46
11	100	40.37	.72	79.98	.00	7.40	201.00	2.49

图 9-2

(3)选择双变量相关分析及 Spearman 等级相关系数,如图 9-3 所示:

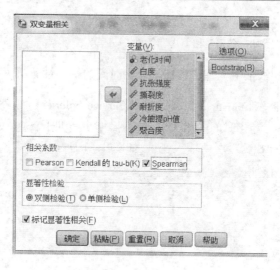

图 9 – 3

（4）得到主要理化指标与老化时间的 Spearman 等级相关系数,如表 9 – 1 所示。

9.2　结果与讨论

9.2.1　竹纸主要理化指标与老化时间的 Spearman 等级相关系数

由表 9 – 2 可以看出,竹纸的主要理化指标与老化时间具有极显著的相关性,其中白度、撕裂度、耐折度、抗张强度、冷抽提 pH 值和聚合度与老化时间呈负相关性,铜价与老化时间呈正相关性,而且相关程度由高到低依次为冷抽提 pH 值＞耐折度＞撕裂度＝聚合度＞白度＞＞铜价＞抗张强度。这说明若要对于竹纸的保存寿命进行预测,应该优先选择冷抽提 pH 值、耐折度、撕裂度、聚合度和白度等理化指标,抗张强度和铜价慎选。

表 9 – 1

		老化时间	白度	抗张强度	撕裂度	耐折度	冷抽提 pH 值	聚合度	铜价
Spearman 的 rho	老化时间 相关系数	1.000	-1.000**	-.882**	-.955**	-.998**	-.991**	-1.000**	1.000**
	Sig.(双侧)	·	·	.000	.000	.000	.000		·
	N	11	11	11	11	11	11	11	11
	白度 相关系数	-1.000**	1.000	.882**	.955**	.998**	.991**	1.000**	-1.000**
	Sig.(双侧)	·	·	.000	.000	.000	.000		·
	N	11	11	11	11	11	11	11	11
	抗张强度 相关系数	-.882**	.882**	1.000	.836**	.888**	.881**	.882**	-.882**
	Sig.(双侧)	.000	.000	·	.001	.000	.000	.000	.000
	N	11	11	11	11	11	11	11	11
	撕裂度 相关系数	-.955**	.955**	.836**	1.000	.961**	.936**	.955**	-.955**
	Sig.(双侧)	.000	.000	.001	·	.000	.000	.000	.000
	N	11	11	11	11	11	11	11	11
	耐折度 相关系数	-.998**	.998**	.888**	.961**	1.000	.993**	.998**	-.998**
	Sig.(双侧)	.000	.000	.000	.000	·	.000	.000	.000
	N	11	11	11	11	11	11	11	11

续表

		老化时间	白度	抗张强度	撕裂度	耐折度	冷抽提pH值	聚合度	铜价
Spearman 的 rho	冷抽提pH值 相关系数	-.991**	.991**	.881**	.936**	.993**	1.000	.991**	-.991**
	Sig.(双侧)	.000	.000	.000	.000	.000	.	.000	.000
	N	11	11	11	11	11	11	11	11
	聚合度 相关系数	-1.000**	1.000**	.882**	.955**	.998**	.991**	1.000	-1.000**
	Sig.(双侧)	.	.	.000	.000	.000	.000	.	.
	N	11	11	11	11	11	11	11	11
	铜价 相关系数	1.000**	-1.000**	.882**	.955**	.998**	.991**	1.000**	1.000
	Sig.(双侧)	.	.	.000	.000	.000	.000	.000	.
	N	11	11	11	11	11	11	11	11

**. 在置信度(双侧)为 0.01 时,相关性是显著的。

表 9 – 2

竹纸		白度	抗张强度	撕裂度	耐折度	冷抽提 pH 值	聚合度	铜价
老化时间	相关系数	– 0.936 **	– 0.870 **	– 0.945 **	– 0.954 **	– 0.973 **	– 0.945 **	0.893 **
	Sig.（双侧）	0.000	0.000	0.000	0.000	0.000	0.000	0.000
	N	11	11	11	11	11	11	11

**. 在置信度（双测）为 0.01 时,相关性是极显著的。

9.2.2　宣纸主要理化指标与老化时间的 Spearman 等级相关系数

表 9 – 3

宣纸		白度	抗张强度	撕裂度	耐折度	冷抽提 pH 值	聚合度	铜价
老化时间	相关系数	– 1.000 **	– 0.882 **	– 0.955 **	– 0.998 **	– 0.991 **	– 1.000 **	1.000 **
	Sig.（双侧）	——	0.000	0.000	0.000	0.000	——	——
	N	11	11	11	11	11	11	11

**. 在置信度（双测）为 0.01 时,相关性是极显著的。

　　由表 9 – 3 可以看出,宣纸的主要理化指标与老化时间具有极显著的相关性,相关程度由高到低依次为白度 = 聚合度 = 铜价 > 耐折度 > 冷抽提 pH 值 > 撕裂度 > > 抗张强度,这说明若要对于宣纸的保存寿命进行预测,应该优先选择白度、聚合度、铜价、耐折度、冷抽提 pH 值和撕裂度等理化指标,抗张强度慎选。

9.2.3 新闻纸主要理化指标与老化时间的 Spearman 等级相关系数

表 9 – 4

新闻纸		白度	抗张强度	撕裂度	耐折度	冷抽提 pH 值	聚合度	铜价
老化时间	相关系数	− 1.000 **	− 0.918 **	− 0.982 **	− 0.955 **	− 0.995 **	——	0.991 **
	Sig.（双侧）	——	0.000	0.000	0.000	0.000	——	0.000
	N	11	11	11	11	11	——	11

**．在置信度（双测）为 0.01 时,相关性是极显著的。
注:新闻纸聚合度指标无法测出。

由表 9 – 4 可以看出,新闻纸的主要理化指标与老化时间具有极显著的相关性,相关程度由高到低依次为白度 > 冷抽提 pH 值 > 铜价 > 撕裂度 > 耐折度 > 抗张强度,这说明若要对于新闻纸的保存寿命进行预测,可以优先选择白度、冷抽提 pH 值、铜价、撕裂度、耐折度和抗张强度等理化指标。

9.2.4 字典纸主要理化指标与老化时间的 Spearman 等级相关系数

表 9 – 5

字典纸		白度	抗张强度	撕裂度	耐折度	冷抽提 pH 值	聚合度	铜价
老化时间	相关系数	− 0.982 **	− 0.964 **	− 1.000 **	− 0.989 **	− 0.995 **	− 0.955 **	0.998 **
	Sig.（双侧）	0.000	0.000	——	0.000	0.000	0.000	0.000
	N	11	11	11	11	11	11	11

**．在置信度（双测）为 0.01 时,相关性是极显著的。

由表 9 – 5 可以看出,字典纸的主要理化指标与老化时间具有极显著的相关性,相关程度由高到低依次为撕裂度 > 冷抽提 pH 值 > 耐折度 > 白度 > 铜价 > 抗张强度 > 聚合度,这说明若要对于字典纸的保存寿命进行预测,应该优先选择撕裂度、冷抽提 pH 值、耐折度、白度、铜价、抗张强度和聚合度等理化指标。

9.2.5 构皮纸主要理化指标与老化时间的 Spearman 等级相关系数

表 9 – 6

构皮纸		白度	抗张强度	撕裂度	耐折度	冷抽提 pH 值	聚合度	铜价
老化时间	相关系数	– 0.691 *	– 0.904 **	– 0.945 **	– 0.991 **	– 0.735 **	– 1.000 **	0.947 **
	Sig.(双侧)	0.019	0.000	0.000	0.000	0.010	——	0.000
	N	11	11	11	11	11	11	11

**. 在置信度(双测)为 0.01 时,相关性是极显著的;*. 在置信度(双测)为 0.05 时,相关性是显著的。

由表 9 – 6 可以看出,构皮纸的白度与老化时间具有显著的相关性,其余主要理化指标与老化时间具有极显著的相关性。相关程度由高到低依次为聚合度 > 耐折度 > 铜价 > 撕裂度 > 抗张强度 > > 冷抽提 pH 值 > > 白度,这说明若要对于构皮纸的保存寿命进行预测,应该优先选择聚合度、耐折度、铜价、撕裂度和抗张强度等理化指标。

9.2.6 不同纸张的 Spearman 等级相关系数对比

纸张分为传统手工纸和现代机制纸,两者在原料种类、加工工艺和填料助剂等方面具有明显区别,因此对于这两类纸张保存寿命的预测,应该分而论之。

通过对比上述五种纸张的主要理化指标与老化时间的 Spearman

等级相关系数(如表9-7和图9-4所示)不难发现,以竹纸、宣纸和构皮纸为代表的传统手工纸其撕裂度、耐折度和聚合度指标对老化时间的相关程度最高,若要预测其保存寿命,应该优选撕裂度、耐折度和聚合度作为主要参考指标,其次考虑白度、冷抽提 pH 值和铜价,再次选择抗张强度指标;对于以字典纸和打字纸为代表的现代机制纸而言,以上主要理化指标均与老化时间均具有较强的相关性,其保存寿命的预测可以考虑使用以上全部理化指标。

表 9-7

	白度	抗张强度	撕裂度	耐折度	冷抽提 pH 值	聚合度	铜价
竹纸	-0.936	-0.870	-0.945	-0.954	-0.973	-0.945	0.893
宣纸	-1.000	-0.882	-0.955	-0.998	-0.991	-1.000	1.000
新闻纸	-1.000	-0.918	-0.982	-0.955	-0.995	-----	0.991
字典纸	-0.982	-0.964	-1.000	-0.989	-0.995	-0.955	0.973
构皮	-0.691	-0.904	-0.945	-0.991	-0.735	-1.000	0.947

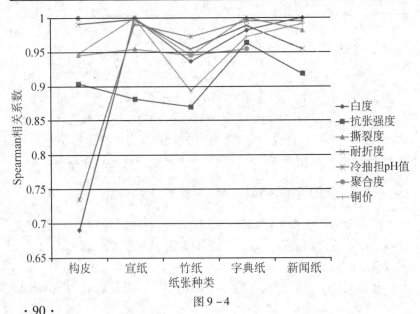

图 9-4

9.3 结论

本项目为了对纸张的保存寿命进行预测,选取了竹纸、宣纸、字典纸、打字纸和构皮纸作为研究对象,以干热加速老化实验为处理手段,通过相关性分析,研究了纸张主要理化指标与老化时间的相关程度,结果发现,对竹纸、宣纸和构皮纸而言,其保存寿命的预测应该优选撕裂度、耐折度和聚合度作为主要参考指标;对字典纸和打字纸而言,以上主要理化指标(白度、抗张强度、撕裂度、耐折度、粘度、铜价、pH 值)均与老化时间有较强的相关性。

10   回归分析评估体系研究

10.1   纸张老化过程中性能指标曲线回归分析

文献保护的根本目的就是最大限度地延长文献的保存寿命。文献用纸的保存寿命,是指文献用纸放置一段相当长的时间之后,其化学稳定性仍然保持着最初的状态,或指纸张能够抵抗本身的杂质破坏和外来因素的侵蚀,保持原有的性能,能够进行使用和长期的保存。

为了研究纸张的保存寿命,本文采用干热加速老化的方法进行纸张老化实验,对老化过程中纸张的白度、撕裂度和铜价进行了检测和分析。选用二次多项式函数、三次多项式函数和指数函数,对保存寿命变化趋势进行拟合,比较分析各方程的拟合优度及显著性水平等指标。

曲线回归分析方法是通过建立反映两变量间曲线回归方程来反映其客观联系的规律。

10.1.1   数据来源方法

10.1.1.1   纸样及处理

实验采用五种类型的纸张,分别为竹纸、宣纸、新闻纸、字典纸和构皮纸。根据老化箱的横截面面积,将纸张裁成约 $30cm \times 25cm$ 的长方形,裁纸的过程中保持纸张的正反面和纵横向一致,并进行标记。将上述五种纸样分别平均分为 11 份,用长尾夹夹好,并做好标记。

10.1.1.2   仪器

仪器设备:老化箱(美国 Mast 公司)、Elrepho 分光白度仪(美国 Datacolor 公司)、Elmendorf 撕裂度仪(美国 TMI 公司)。

10.1.1.3　加速老化方法

从上述五种纸样中各取十份,按照纸张种类分别放置于105℃老化箱的不同隔板层进行老化实验。为保证老化效果的均匀性,每周调整两次纸样的放置位置,调整时,将不同的纸样和同种纸样的不同份按照由上往下的顺序依次进行调整。在不同的老化时间点将五种纸样分别取出一份,每次均取最上面的一份。根据 GB/T 464—2008《纸和纸板的干热加速老化》,在温度为 $105 \pm 2℃$ 的环境中连续老化。老化时间以 72h 为一个单元,纸样老化时间分别为 1、4、10、20、40、60、70、80、90、100 个老化单元。同时,保存一份未老化的平行样,于避光处保存。

10.1.1.4　老化时间对纸张性能的影响

分别检测不同老化时间纸样的白度、撕裂度和铜价。检测方法分别依据国标 GB/T 7974—2013、GB/T 455—2002 和 GB/T 5400—1998。

10.1.2　SPSS 曲线回归方法与步骤

(1)本节使用 SPSS19.0 进行曲线拟合,该软件全菜单式操作,无需程序编写,使用方便、简单。

(2)运行 SPSS 软件,输入变量,输入相应纸张理化指标与老化时间的数据。

(3)使用 SPSS 统计分析菜单中回归分析子菜单中曲线估计分析功能,如图 10-1 所示。

以年份老化时间为自变量(X),分别以白度、撕裂度和铜价为因变量(Y),为估计根据本资料,选择较为的直线方程、二次方程、立方方程、对数方程等八种模型进行拟合。

在拟合结果中,给出警示,因变量(老化时间)包含非正数值。最小值为 0.000。无法应用对数变换。无法为此变量计算复合模型、幂模型、S 模型、增长模型、指数模型和对数模型。故后面的曲线拟合只进行直线方程、二次方程、立方方程和对数方程四种模型进行拟合。

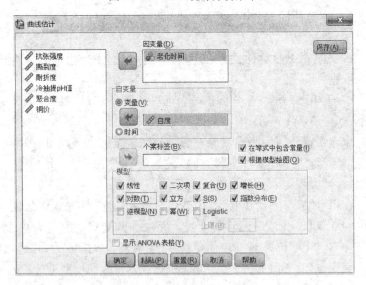

图 10-1　SPSS 统计分析菜单

图 10-2　"曲线估计"对话框

10.1.3 结果与分析

本节以竹纸、宣纸、新闻纸、字典纸和构皮纸的白度、撕裂度和抗张强度为因变量(Y),以老化时间为自变量(X),使用直线方程、二次方程、立方方程和对数方程四种模型进行曲线评估,在15个模型汇总结果中,均以立方方程可决系数 R2 的为最大。故本节中以立方方程进行曲线评估结果分析。

10.1.3.1 白度曲线回归

以竹纸、宣纸、新闻纸、字典纸和构皮纸五种纸张的白度为因变量(Y),以老化时间为自变量(X),进行立方方程的曲线评估,结果如表10-1所示。

表10-1 白度模型汇总和参数估计值

因变量:老化时间

纸张种类	模型汇总					参数估计值			
	R 方	F	df1	df2	Sig.	常数	b1	b2	b3
宣纸	0.990	404.362	2	8	0.000	413.642	-8.543	0.000	0.001
字典纸	0.992	466.795	2	8	0.000	521.800	-9.368	0.000	0.000
竹纸	0.913	41.798	2	8	0.000	422.554	-14.430	0.000	0.002
构皮纸	0.456	3.358	2	8	0.087	1361.365	-56.808	0.574	0.000
新闻纸	0.997	1278.630	2	8	0.000	301.665	-7.586	0.000	

从表10-1可以看出,对于立方方程拟合,除构皮纸以外,其他四种纸张曲线评估的可决系数 R2 均大于0.9。显著性水平检验除构皮纸为0.087以外,其他四种均为0.000,小于0.005。说明立方方程模型具有统计学意义。拟合度的大小顺序为新闻纸 > 字典纸 > 宣纸 > 竹纸。白度的变化主要取决于木素的氧化变色,因此,木素含量高的白度的变化程度大,曲线评估拟合度高。因为构皮纸的构皮纤维内基本不含木素,故拟合度非常低可决系数 R2 仅为0.456,因此不能用白度进行曲线评估。而新闻纸为磨木浆造纸,木素含量高,采用白度进

行曲线拟合可决系数 R2 可高达 0.997。

10.1.3.2 撕裂度

以竹纸、宣纸、新闻纸、字典纸和构皮纸五种纸的撕裂度为因变量（Y），以老化时间为自变量（X），进行立方方程的曲线评估,结果如表10-2 所示

表10-2 撕裂度模型汇总和参数估计值

因变量:老化时间

纸张种类	模型汇总					参数估计值			
	R 方	F	df1	df2	Sig.	常数	b1	b2	b3
宣纸	0.960	55.786	3	7	0.000	237.168	-2.420	0.009	0.000
字典纸	0.986	169.156	3	7	0.000	188.677	-3.137	0.017	0.000
竹纸	0.964	62.412	3	7	0.000	182.967	-4.202	0.034	0.000
构皮纸	0.944	39.539	3	7	0.000	155.264	-0.656	0.001	0.000
新闻纸	0.980	112.709	3	7	0.000	176.640	-0.873	0.000	0.000

从表10-2 可以看出,竹纸、宣纸、新闻纸、字典纸和构皮纸五种纸都具有较高的拟合度,可决系数 R2 均在 0.9 以上,其大小顺序为字典纸 > 新闻纸 > 竹纸 > 宣纸 > 构皮纸。显著性水平均为 0.000。说明立方方程模型具有统计学意义。机械纸的均匀性较好,其与撕裂度的拟合度也较高,而手工纸的均与性较差,拟合度较低,并且随着纤维长度的增加,其拟合度逐渐降低。

10.1.3.3 铜价

以竹纸、宣纸、新闻纸、字典纸和构皮纸五种纸的抗张强度为因变量（Y），以老化时间为自变量（X），进行立方方程的曲线评估,结果如表10-3 所示。

从表10-3 可以看出,除竹纸以外,其他四种纸拟合度都较高,可决系数 R2 均在 0.9 以上,显著性水平均为 0.000。说明立方方程模型具有统计学意义。可决系数 R2 大小顺序为新闻纸 > 宣纸 > 字典纸 > 构皮纸。竹纸是这五种纸张中最易老化的纸张,其可决系数 R2 为 0.881。

表 10 - 3　铜价模型汇总和参数估计值

因变量:老化时间

纸张	模型汇总					参数估计值			
种类	R 方	F	df1	df2	Sig.	常数	b1	b2	b3
宣纸	0.981	204.633	2	8	0.000	10.050	0.000	-23.119	14.650
字典纸	0.962	100.352	2	8	0.000	27.895	-127.933	0.000	391.232
竹纸	0.881	29.593	2	8	0.000	34.980	0.000	-54.417	24.975
构皮纸	0.957	51.817	3	7	0.000	-52.615	575.348	-1632.102	1528.582
新闻纸	0.991	243.381	3	7	0.000	137.117	-297.120	189.351	

10.1.4　结论

(1)纸张老化过程中的指标与老化时间的曲线评估可采用立方方程模型来进行。

(2)木素含量越高,其白度拟合程度越高。构皮适宜使用白度进行曲线拟合。

(3)机械纸的各种指标的立方方程的曲线拟合度好于手工纸。

10.2　基于 SPSS 曲线回归的纸张耐老化时间终点推算研究

10.2.1　白度

以老化时间为自变量(X),以白度为因变量(Y),进行立方方程进行曲线拟合。结果如表 10 - 4 所示。

表 10 − 4　白度立方方程曲线回归参数估计值

因变量:老化时间

纸张种类	参数估计值			
	常数	b1	b2	b3
宣纸	413.642	− 8.543	0.000	0.001
字典纸	521.800	− 9.368	0.000	0.000
竹纸	422.554	− 14.430	0.000	0.002
构皮纸	1361.365	− 56.808	0.574	0.000
新闻纸	301.665	− 7.586	0.000	

以白度值 20 为寿命终点,代入回归立方方程进行计算,各种纸张的寿命终点如图 10 − 3 所示。

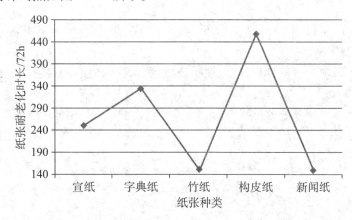

图 10 − 3　根据白度的立方方程回归推算的纸张耐老化时长

从图 10 − 3 可以看出,纸张的耐老化时间的大小顺序为构皮纸 > 字典纸 > 宣纸 > 竹纸 ≈ 新闻纸。构皮纸的原料为构皮纤维,纤维长度大,木素含量低,耐老化程度高。字典纸为机械纸,且为中碱性施胶工艺,造纸的过程中加入了增强剂,耐老化性能也较好。而竹纸的造纸原料为竹纤维,木素含量高,纤维长度短,耐老化性能性能非常差,这也与之前的数据相一致。而新闻纸为磨木浆纸,木素含量低,纸张未施胶,耐老化性能差。

10.2.2 撕裂度

以老化时间为自变量(X),以撕裂度为因变量(Y),进行立方方程进行曲线拟合。结果如表 10 - 5 所示。

表 10 - 5 撕裂度立方方程曲线回归参数估计值

因变量:老化时间

纸张种类	参数估计值			
	常数	b1	b2	b3
宣纸	237. 168	- 2. 420	0. 009	0. 000
字典纸	188. 677	- 3. 137	0. 017	0. 000
竹纸	182. 967	- 4. 202	0. 034	0. 000
构皮纸	155. 264	- 0. 656	0. 001	0. 000
新闻纸	176. 640	- 0. 873	0. 000	0. 000

以撕裂度 20 为寿命终点,代入回归立方方程进行计算,各种纸张的寿命终点如图 10 - 4 所示。

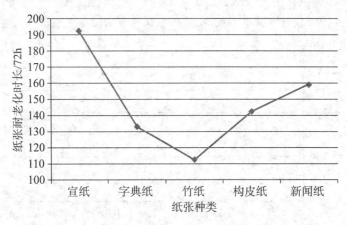

图 10 - 4 根据撕裂度的立方方程回归推算的纸张耐老化时长

从图 10 - 4 可以看出,根据撕裂度的立方方程回归推算的纸张耐老化时长,纸张的耐老化时间的大小顺序为宣纸 > 新闻纸 > 构皮纸 > 字典纸 > 竹纸。

10.2.3 铜价

以老化时间为自变量(X),以铜价为因变量(Y),进行立方方程进行曲线拟合。结果如表 10 - 6 所示。

表 10 - 6　铜价立方方程曲线回归参数估计值

因变量:老化时间

纸张种类	参数估计值			
	常数	b1	b2	b3
宣纸	10. 050	0. 000	- 23. 119	14. 650
字典纸	27. 895	- 127. 933	0. 000	391. 232
竹纸	34. 980	0. 000	- 54. 417	24. 975
构皮纸	- 52. 615	575. 348	- 1632. 102	1528. 582
新闻纸	137. 117	- 297. 120	189. 351	

以字典纸和构皮纸的铜价 1 为寿命终点,其他纸张以 3 为寿命终点,代入回归立方方程进行计算,各种纸张的寿命终点如图 10 - 5 所示。

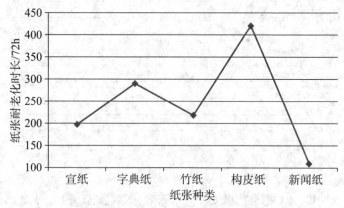

图 10 - 5　根据铜价的立方方程回归推算的纸张耐老化时长

从图 10 – 5 可以看出,根据铜价的立方方程回归推算的纸张耐老化时长,纸张的耐老化时间的大小顺序为构皮纸 > 字典纸 > 竹纸 > 宣纸 > 新闻纸。该顺序与白度立方方程回归推算的寿命耐老化时长的大小关系基本一致,也与之前的检测数据相一致。

10.2.4 结论

(1)白度与铜价的纸张耐老化时间大小关系基本一致,撕裂度与之不同。

(2)耐老化时间大小顺序为构皮纸 > 字典纸 > 宣纸 > 竹纸 > 新闻纸。

参考文献

[1]徐文娟,吴来明,裔传臻,等. 书画修复用宣纸性能的研究[J]. 文物保护与考古科学,2016,28(1):33 – 37.

[2]张平,田周玲. 古籍修复用纸谈[J]. 文物保护与考古科学,2012,24(2):106 – 112.

[3]田周玲. 国外纸质文献批量脱酸工艺进展[J]. 中华纸业,2013,34(14):90 – 94.

[4]李可强,张振秋,董平. SPSS 软件在药学研究中的应用——相关分析与回归分析[J]. 中医药学刊,2006,24(7):1300 – 1301.

11   总   结

文献用纸的寿命关乎文献的保存寿命。有价值的字画和古籍、重要的档案资料以及国家总书库内的纸本书库都需要永久保存。研究文献用纸的保存寿命评估方法，是研究纸张保护方法的基础性工作。作为一个研究项目，检测数据在 600 个以上。主要进行了充氮加速老化实验、干热老化实验和湿热老化实验三个研究，并对检测的结果进行的相关性分析和回归分析。

本研究对于老化过程中纸张的理化指标的检测和分析非常全部，也非常具有代表性，是国内首个系统的纸张老化过程中各指标变化的表征方法。研究工作得到了文化部科技司专家的认可，专家一致认为：该研究对多种纸张进行了长达一年的老化实验，实验方案设计合理，科研工作量大，研究内容充实。检测指标的选择和检测方法科学有效。数据分析透彻，数据的后期利用率高。

11. 1   充氮加速老化实验

此实验的主要目的研究充氮环境下与普通环境下纸张保存寿命的差异。将单宣、桑皮纸、竹纸、字典纸和打字纸等五种纸张平均分为四份，分别于不同的条件下进行 105℃ 干热老化加速实验。一份放于充氮气盒内，以 10mL/min 的速度通入纯度为 98% 的氮气，一份放于充空气盒内以 10mL/min 的速度通入经过初步过滤的室内空气，还有一份放于密封盒内，密封加速老化，最后一份放于房间内暗处保存，用作对照样。同时，在三个盒子内均放入 Tenax 采样管，检测老化过程中释放的总挥发性有机化合物。加速老化 72 小时后，分别检测各纸样的白度、撕裂度仪、抗张强度,冷抽提 pH 值。研究结果发现,通氮气的防老化效果最好,通空气的防老化效果次之,密封的防老化效果最差;不同种纸张的三种老化效果存在差别,耐久性最差的打字纸的效果区分最明显,而耐久性最好的桑皮纸的效果区分最不明显;密封保存文献不是理想的方式,在密封条件下,纸张的自挥发物无法释放出去。因此对装具的提出更高的要求,即在保护文献的同时能够透气,允许装具内外空气的流通。

11.2 湿热老化实验

目的是研究环境相对湿度对纸张保存寿命的影响。选择了贵州丹寨构皮纸、汪六吉净皮宣纸、新闻纸、打字纸和浙江宁波产古籍修复竹纸等五种纸张。将五种纸样分成五份,其中一份为对照样,放于房间内暗处避光保存。另外四份加速老化,加速老化的温度均为 80℃,相对湿度分别为 30%、40%、50% 和 60%,老化时间均为 60 天。

纸样经过加速老化后,分别检测了各纸样的白度、撕裂度、抗张强度、冷抽提 pH 值和聚合度。

研究结果显示,在低湿度环境下老化后的纸张,其白度、抗张强度、耐折度、酸碱度、聚合度和铜价都优于高湿度环境下老化的纸张,仅有撕裂度在中湿度老化环境下降幅更小;根据本项目的研究结果,综合比较不同湿度条件下老化后纸样的各项理化指标,30%—40% 的相对湿度更有利于抑制纸张内部酸化老化反应的活性,维持纸张更好的耐久性能,适宜于纸质文献的长期保存。

11.3 干热老化实验

干热老化实验的目的是研究纸张在老化过程中各指标的变化趋

势。将竹纸、宣纸、新闻纸、字典纸和构皮纸等五种纸张平分为 11 份,其中一份于房间内暗处存放,不进行加速老化,用作对照样。其他 10 份放于 105℃老化箱内进行加速老化。以 72 小时为一个老化单元,分别在 1、4、10、20、40、60、70、80、90、100 个老化单元时各取出一份,然后检测各纸样的白度、撕裂度、抗张强度、耐折度、冷抽提 pH 值、聚合度、铜价和结晶度等指标。

研究结果发现,四个老化单元以内,各种纸张的机械性能均变化不大,之后开始大幅下降,初始机械强度对纸张的耐用性影响很大;新闻纸具有最大的抗张强度和机械强度稳定性;构皮纸具有最好的耐撕裂和耐折性能,且具有较好的稳定性;字典纸初始机械性能较好,但是稳定性较差;宣纸具有中等抗张和耐撕裂能力,稳定性一般,耐折能力略差;竹纸的机械性能相比其他纸种较差;纤维素的水解/氧化与纸张机械强度下降关系密切;竹纸 pH 值稳定性较差,长期保存时需要防止其酸化加速纸质文献老化。

11.4　相关性分析

通过 SPSS(Statistical Product and Service Solutions)软件对纸张主要理化指标与老化时间的相关性分析,研究了纸张主要理化指标与老化时间的相关程度,结果发现,对竹纸、宣纸和构皮纸而言,其保存寿命的预测应该优选撕裂度、耐折度和聚合度作为主要参考指标;对字典纸和打字纸而言,以上主要理化指标(白度、抗张强度、撕裂度、耐折度、黏度、铜价、pH 值)均与老化时间有较强的相关性。

11.5　曲线回归分析

采用 SPSS,分别以不同老化时间下纸样的白度、撕裂度和铜价对老化时间进行曲线回归分析,结果表明:纸张老化过程中的指标与老化时间的曲线评估可采用立方方程模型来进行;木素含量越高,其白度拟合程度越高。构皮适宜使用白度进行曲线拟合;机械纸的各种指标的立方方程的曲线拟合度好于手工纸。

11.6 今后的研究方向

虽然不同种类的纸张,在老化的过程中与各指标的相关性具有差异性。但是本研究中选择的各项指标与纸张老化时间的相关性均较好。目前的样品数量还太少,建立的系统和回归方程尚不能包括全部的纸张,可使用相似的纸张的分析结果。因此,还需做进一步的研究。

(1)文献纸张的种类繁多,类型复杂,既有各种手工纸,也有各种现代纸。纸张的纤维种类不同,制浆工艺不同,施胶和涂布的方法各异,因此对纸张各理化指标的研究还需扩大纸张种类,进行更广泛的研究。

(2)各类历史文献,特别是古籍文献,其制造时的原材料和抄造工艺与现在有很大区别,而其保存保护环境和条件也不得而知,评价体系和评价方法的适用性也有待进一步研究。

(3)今后可进一步扩展老化时间、老化方式以及老化研究用纸的种类,进一步丰富数据资源。

(4)文献用纸保存寿命评估体系的研究是一个长期积累的过程,现阶段只是将其框架搭好,然后进行逐步完善。

后　　记

我于 2005 年由北京理工大学应用化学专业毕业,进入国家图书馆,从事古籍保护相关工作。2005 年至 2007 年上半年在善本部工作,2007 年下半年至 2010 年底在古籍保护中心办公室工作,负责并担任实验研究组副组长一职,同时开始筹建古籍保护实验室,2011 年起,实验研究组整体并入古籍馆,我担任文献保护组的组长。2014 年实验室入选古籍保护科技文化部重点实验室。

刚毕业时,文献保护与我也是非常陌生的概念,当时任继愈馆长向我提起文献酸化的问题,我还是一头雾水,后来回去恶补了很多知识,才对文献保护以及文献的酸化有了概念性的认识,从而也坚定了我致力于文献保护技术研究的决心。

文献保护涉及的领域非常广泛,既有库房的温湿度问题,空调的问题,围护结构等建筑的问题,也有仓储害虫、昆虫学、霉菌等微生物学的知识,还有造纸、纸张检测、油墨印刷、环境检测、材料性能研究、设备研制、消防安防等。涉的专业非常杂,对很多专业的要求也非常精,来馆工作后,我深感责任重大,脚踏实地,奋勇前行,分阶段逐个学习各个专业的知识,经过十多年的努力,对文献保护有了比较深刻的了解和认识。

在过去的十多年里,我先后在 *International Preservation News*、《图书馆工作与研究》《中国造纸》《中华纸业》《纸和造纸》《实验室研究与探索》和《文物保护与考古科学》等多个国内核心期刊和国外重要期刊上发表是十多篇论文。参与了 Bsj—2006A 型纸浆补书机的研制工作,参加了行业标准《图书馆古籍特藏书库基本要求》的制定工作,参与 GB/T 24422—2009《信息与文献　档案纸　耐久性和耐用性要求》和 GB/T 24423—2009《信息与文献　文献用纸　耐久性要求》等多个国家标准的制定工作。获得实用新型专利一项,获得发明专利两项。

主持国家文化科技提升计划项目一项、文化部重点实验室资助项目一项、广州市项目一项、行业标准一项、古籍保护中心项目一项、民国时期文献保护项目三项、国家图书馆科研项目两项。

在国家文化科技提升项目"文献用纸保存寿命评估体系研究"的研究过程中,纸张干热和湿热老化前后的理化性能指标研究,得到了项目组成员及相关学者的帮助。白度检测由任珊珊负责,抗张强度检测由闫智培负责,耐折度检测由张铭负责,撕裂度检测由我负责,聚合度检测由易晓辉和龙堃负责,冷抽提 pH 值检测由龙堃负责,铜价检测由我和闫智培负责,结晶度的 X 射线衍射请中国科学院化学所的张虹老师及其学生完成。干热老化实验部分的数据分析和整理主要由闫智培整理,湿热老化实验部分的数据分析和整理主要由易晓辉整理,结晶度数据的分析和整理主要由闫智培完成。在本书出版之际,我还想要感谢的人有很多,首先感谢文化部科技司的领导给予项目的大力支持,感谢国家图书馆业务处、财务处、国有资产管理处、后勤管理处和保卫处各位同仁提供的支持,感谢国家图书馆古籍馆陈红彦等三位主任提供时间保证和后勤支持。除此之外,还有一些朋友和曾经同我协作过的单位和个人,在此恕我不一一提名了。

田周玲

2017 年 9 月 18 日